もくじ 教育出版版 国語 5年 準拠

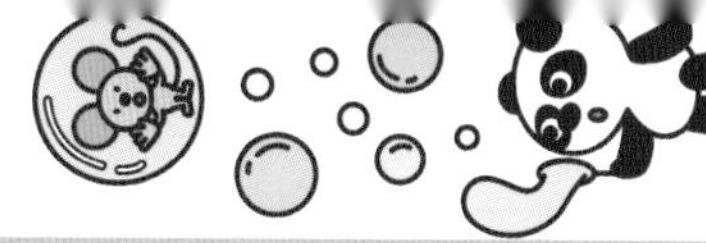

教科書 下

きほん 1

教科書㊤10〜31ページ

水平線／うぐいす いつか、大切なところ

月　日

10分

／100点

1 ——の漢字の読みがなを書きましょう。　一つ4〔40点〕

(1) 常夜灯の光。（　　）
(2) 永遠に続く。（　　）
(3) 学校に慣れる。（　　）
(4) ねこが現れる。（　　）
(5) 電車が混む。（　　）
(6) もとの状態。（　　）
(7) あれこれ迷う。（　　）
(8) 詩の表現。（　　）
(9) 力士になる。（　　）
(10) 感謝を伝える。（　　）

2 次の漢字は何画で書きますか。数字を書きましょう。　一つ6〔12点〕

(1) 永（　）画　(2) 迷（　）画

3 次の言葉の意味をア〜カから選んで、記号で答えましょう。　一つ8〔48点〕

(1) しきりに（　）　(2) 水平線（　）
(3) 単調（　）　(4) 手がかり（　）
(5) どうよう（　）　(6) こうふん（　）

ア 解決のきっかけ。
イ 気持ちがたかぶること。
ウ 同じ調子が続き変化がないこと。
エ 心配で落ち着かないこと。
オ 海の水面と空のさかいめが一本の線に見えるところ。
カ 何度も。

答えは65ページ

教科書㊤10〜31ページ

水平線／うぐいす　いつか、大切なところ

月　日

／100点

1 □にあてはまる漢字を書きましょう。　一つ8〔48点〕

(1) □□□（じょうやとう）をともす。

(2) □□（えいえん）の約束。

(3) 仕事に□（な）れる。

(4) 犬が□（あらわ）れる。

(5) 店内が□（こ）む。

(6) よい□□（じょうたい）。

2 ——の言葉の使い方が正しいほうに、○をつけましょう。　一つ6〔12点〕

(1)
- ア（　）昨日の失敗を考えると、むねがはずむ。
- イ（　）明日からの旅行を思うと、むねがはずむ。

(2)
- ア（　）よろこびでむねがいっぱいになる。
- イ（　）たいくつでむねがいっぱいになる。

3 次の言葉に合うものを下から選んで、——で結びましょう。　一つ8〔40点〕

(1) 遠足が楽しみで　・　　・ア　どきどきする。

(2) きんちょうして　・　　・イ　わくわくする。

(3) やっと出口が見えて　・　　・ウ　びっくりする。

(4) 昔を思い出して　・　　・エ　ほっとする。

(5) 急なできごとに　・　　・オ　しみじみする。

教科書㊤32～37ページ

新聞を読もう

月　日

10分　／100点

1 ――の漢字の読みがなを書きましょう。　一つ6〔54点〕

(1) 情報を集める。（　　）
(2) 記事の内容。（　　）
(3) 本の編集。（　　）
(4) 正確に伝える。（　　）
(5) 文章の構成。（　　）
(6) 囲み記事（　　）
(7) 解説を読む。（　　）
(8) 情けをかける。（　　）
(9) 毛糸で編む。（　　）

2 送りがなの正しいほうに、○をつけましょう。　一つ7〔28点〕

(1) 答えを　ア（　）確かめる。　イ（　）確める。
(2) 駅前に店を　ア（　）構る。　イ（　）構える。
(3) 春風が雪を　ア（　）解かす。　イ（　）解す。
(4) 重い病気は命に　ア（　）関わる。　イ（　）関る。

3 次の言葉と似(に)た意味の言葉を下から選んで、――で結びましょう。　一つ6〔18点〕

(1) 大切・　　・ア　きょうみ
(2) 最も・　　・イ　いちばん
(3) 関心・　　・ウ　重要

答えは65ページ

かくにん 2

新聞を読もう

教科書㊤32〜37ページ

月　日

10分　／100点

1 □にあてはまる漢字を書きましょう。　一つ8〔64点〕

(1) □□（じょうほう）を流す。

(2) 話の□□（ないよう）。

(3) 新聞の□□（へんしゅう）。

(4) □□（せいかく）な場所。

(5) 家族□□（こうせい）

(6) 池を□（かこ）む。

(7) 野球の□□（かいせつ）。

(8) □（なさ）け深い人。

2 次の言葉の意味をア〜カから選んで、記号で答えましょう。　一つ6〔36点〕

(1) トップ記事（　　）　(2) 見出し（　　）

(3) リード（　　）　(4) 社説（　　）

(5) コラム（　　）　(6) わりつけ（　　）

ア　紙面の配置。レイアウト。

イ　線でかこむなどしてしめされた短い記事。

ウ　本文の前にある、本文のないようを短くまとめた文章。

エ　記事の要点をひと目でわかるようにまとめた言葉。

オ　新聞の第一面にある、最も大切な記事。

カ　新聞などを出している会社の意見や考えを表す文章。

教科書㊤38〜41ページ

情報ノート
漢字の広場①　漢字学習ノート

月　日

／100点

1 ——の漢字の読みがなを書きましょう。 一つ7〔42点〕

(1) 災害をふせぐ。（　　）
(2) 高度な技術。（　　）
(3) 資料を集める。（　　）
(4) 快晴の一日。（　　）
(5) 快い返事。（　　）
(6) 知識をふやす。（　　）

2 次の漢字の部首名をア〜ウから選んで、記号で答えましょう。 一つ8〔16点〕

(1) 快（　　）　(2) 決（　　）

ア　てへん　イ　さんずい　ウ　りっしんべん

3 次の言葉の意味をア〜カから選んで、記号で答えましょう。 一つ7〔42点〕

(1) 出典（　　）　(2) 希少（　　）
(3) 情報（　　）　(4) 整理（　　）
(5) 生息（　　）　(6) 保(ほ)全（　　）

ア　ものごとについての知らせ。
イ　生物がその地で生きて生活すること。
ウ　少なくてめずらしいこと。
エ　きちんとかたづけること。
オ　守って安全をたもつこと。
カ　引用した言葉や文章などが書いてあったもとの書物。

答えは65ページ

かくにん 3

情報ノート
漢字の広場① 漢字学習ノート

教科書 上 38〜41ページ

月　日

10分　／100点

1 □にあてはまる漢字を書きましょう。　一つ8〔40点〕

(1) □□（さいがい）への対策（さく）。

(2) 科学と□□（ぎじゅつ）。

(3) 会議の□□（しりょう）。

(4) 天気は□□（かいせい）だ。

(5) 鉄道の豆□□（ちしき）。

2 ――の言葉を、漢字と送りがなで書きましょう。　一つ8〔32点〕

(1) こころよい風がふく。（　　）

(2) 病気がなおる。（　　）

(3) 言葉の意味をたしかめる。（　　）

(4) 船でアメリカにむかう。（　　）

3 次の漢字に共通する部首名を書きましょう。　〔8点〕

慣　情　（　　）

4 次の文に合うように、□の中の漢字を組み合わせて熟語（じゅく）を作りましょう。　一つ10〔20点〕

(1) 毎朝の□□。

(2) くわしい□□。

情　慣　習　報

きほん 4

教科書㊤42ページ

漢字の広場①
四年生で学んだ漢字①

月　日

10分　／100点

1 ――の漢字の読みがなを書きましょう。　一つ4〔100点〕

(1) 実験に成功する。（　　）
(2) 無人の家。（　　）
(3) 勇気を出す。（　　）
(4) 号令をかける。（　　）
(5) 徒競走に出る。（　　）
(6) 三位以内。（　　）
(7) 特別な日。（　　）
(8) 荷物を置く。（　　）
(9) 親類が来る。（　　）
(10) 選手になる。（　　）
(11) 大会の参加賞。（しょう）（　　）
(12) 式の司会者。（　　）
(13) 対戦する相手。（　　）
(14) 旗をふる。（　　）
(15) 事実を伝える。（　　）
(16) 種目を決める。（　　）
(17) 完走する（　　）
(18) 順位争いをする。（　　）
(19) 必死になる。（　　）
(20) 運動会の観客。（　　）
(21) わずかな点差。（　　）
(22) 天候が変わる。（　　）
(23) 失速する（　　）
(24) 赤組の敗北。（　　）
(25) 記録を残す。（　　）

答えは65ページ

かくにん 4

教科書㊤42ページ

漢字の広場①
四年生で学んだ漢字①

月　日

10分

／100点

1 □にあてはまる漢字を書きましょう。　一つ5〔100点〕

(1) 赤い□（はた）を□（お）く。

(2) □□□（ときょうそう）

(3) □□（とくべつ）にゆるす。

(4) マラソン□□（せんしゅ）

(5) □□（ゆうき）がある。

(6) □□（せいこう）を□（つた）える。

(7) 山の□□（てんこう）。

(8) □□（むじん）駅

(9) □□□（じゅんいあらそ）い

(10) □□（たいせん）相手

(11) □□（しかい）者になる。

(12) 得意（とくい）な□□（しゅもく）。

(13) □□（てんさ）が開く。

(14) □□（ごうれい）で動く。

(15) たくさんの□□（かんきゃく）。

(16) 千円□□（いない）で買う。

(17) ゴール前の□□（しっそく）。

(18) □□（さんか）賞（しょう）をもらう。

教科書㊤44〜57ページ

ことなる見方
言葉と事実
言葉の広場① 話し言葉と書き言葉

月　日

／100点

1 ——の漢字の読みがなを書きましょう。 一つ6〔78点〕

(1) 実際の話。（　　）
(2) 逆転で勝つ。（　　）
(3) よい印象。（　　）
(4) 価値がある。（　　）
(5) 非常に強い。（　　）
(6) 想像する（　　）
(7) 布（ぬの）を織る。（　　）
(8) 証明する（　　）
(9) 父の所属先。（　　）
(10) 内容を比べる。（　　）
(11) 職人のわざ。（　　）
(12) 客の反応。（　　）
(13) 先生に質問する。（　　）

2 次の言葉の意味を下から選んで、——で結びましょう。 一つ4〔16点〕

(1) 論理（ろん）・　　・ア 文章などを短くまとめたもの。
(2) 要約・　　・イ 考え方のすじみち。
(3) 確実・　　・ウ 最終的にまとめた考え。
(4) 結論・　　・エ まちがいない様子。

3 「話し言葉」のとくちょうに合うものに、○をつけましょう。 〔6点〕

ア（　）その場にいない人にもあとで伝えることができる。
イ（　）時間をかけて、書き方をくふうすることができる。
ウ（　）声の調子や話す速さをくふうすることができる。

答えは66ページ

かくにん 5

教科書㊤44〜57ページ

ことなる見方
言葉と事実
言葉の広場① 話し言葉と書き言葉

月　日

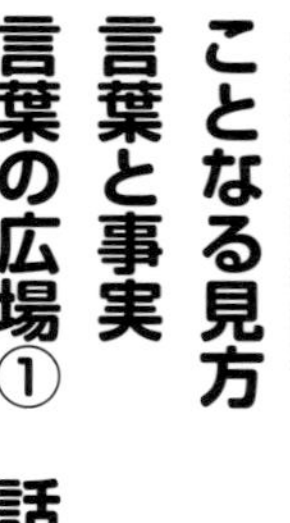

10分　／100点

1 □にあてはまる漢字を書きましょう。　一つ9〔72点〕

(1) □□(じっさい)の大きさ。

(2) □□(ぎゃくてん)負け

(3) □□(いんしょう)に残る。

(4) □□(ひじょう)口から出る。

(5) 身分□□(しょうめい)書

(6) □□□(しょぞくさき)のチーム。

(7) 形を□(くら)べる。

(8) □□(しつもん)に答える。

2 次の文の役わりを□から選んで、記号で答えなさい。　一つ7〔21点〕

(1) 同じ図形がことなって見えることがある。　(　　)

(2) この例は、脳(のう)がかんちがいをして起こる錯(さっ)覚だ。　(　　)

(3) このことを意識して生活することが大切だ。　(　　)

ア しゅちょう　イ 事例　ウ 事例をもとにした解説

3 次の——が説明している言葉を〰〰から選んで、記号で答えましょう。〔7点〕

姉が歌った、ア人気の イある ウアイドルの エ歌が オ気に入った。　(　　)

きほん 6

教科書 上 58～69ページ

すいせんしよう「町じまん」 案内やしょうかいのポスター 言葉の文化① 漢文に親しむ

月　日

10分　／100点

1 ――の漢字の読みがなを書きましょう。 一つ7〔63点〕

(1) 伝統的な祭り。（　）
(2) 量が減る。（　）
(3) 意見の述べ方。（　）
(4) 経験を話す。（　）
(5) 図で示す。（　）
(6) 読む順序。（　）
(7) 故郷（きょう）に帰る。（　）
(8) 国の歴史。（　）
(9) 精神をきたえる。（　）

2 次の言葉の意味をア～オから選んで、記号で答えましょう。 一つ5〔25点〕

(1) すいせん（　）
(2) なっとく（　）
(3) インタビュー（　）
(4) バランス（　）
(5) キャッチコピー（　）

ア じゅうぶんによくわかってみとめること。
イ 取材のために人に話を聞くこと。
ウ よいと思うものを人にすすめること。
エ 人の注意をひきつける言葉。
オ つりあい。

3 次の言葉に合うものを下から選んで、――で結びましょう。 一つ4〔12点〕

(1) 山の上にのぼる月を ・　　・ア おりる。
(2) しょんぼりと頭（こうべ）を ・　　・イ たれる。
(3) 畑いちめんに霜（しも）が ・　　・ウ 望む。

答えは66ページ

かくにん 6

教科書㊤58～69ページ

すいせんしよう「町じまん」 案内やしょうかいのポスター 言葉の文化① 漢文に親しむ

月　日

10分　／100点

1 □にあてはまる漢字を書きましょう。　一つ10〔60点〕

(1) □□□（でんとうてき）な服。

(2) 人口が□（へ）る。

(3) きちょうな□□（けいけん）。

(4) □□（じゅんじょ）よくならぶ。

(5) □□（れきし）を学ぶ。

(6) □□（せいしん）を集中する。

2 ——の言葉を、漢字と送りがなで書きましょう。　一つ10〔30点〕

(1) 反対意見をのべる。

(2) 地図で場所をしめす。

(3) うどんとそばをたべくらべる。

3 次の説明にあてはまる熟語をア～ウから選んで、記号で答えましょう。　〔10点〕

昔のことを研究して、そこから新しい知識や考え方をもつこと。　（　　）

ア　東西南北

イ　一石二鳥

ウ　温故知新

教科書 上 70〜73ページ

言葉の広場② 敬語

月　日

／100点

1 ——の漢字の読みがなを書きましょう。 一つ4〔32点〕

(1) 担任の先生。（　　）
(2) 大勢集まる。（　　）
(3) 本を貸す。（　　）
(4) ミスを許す。（　　）
(5) 責任をとる。（　　）
(6) 適切な言い方。（　　）
(7) 旅行の日程。（　　）
(8) 勢いをつける。（　　）

2 次の敬語の説明をア〜ウから選んで、記号で答えましょう。 一つ6〔18点〕

(1) 尊敬語（　　）
(2) 謙譲語（　　）
(3) 丁寧語（　　）

ア　自分の動作がおよぶ相手を高めて言うときの言い方。
イ　話し相手に対して、丁寧に言うときの言い方。
ウ　動作をする人のことを高めて言うときの言い方。

3 次の言葉で、尊敬語にはア、謙譲語にはイ、丁寧語にはウをつけましょう。 一つ5〔50点〕

(1) お金（　　）
(2) うかがう（　　）
(3) おっしゃる（　　）
(4) ございます（　　）
(5) 拝見する（　　）
(6) お聞きになる（　　）
(7) ご案内する（　　）
(8) どなた（　　）
(9) 申す（　　）
(10) 参加される（　　）

答えは66ページ

かくにん 7

言葉の広場② 敬語（けいご）

教科書(上) 70〜73ページ

月　日

10分　／100点

1 □にあてはまる漢字を書きましょう。　一つ9〔54点〕

(1) □□（おおぜい）の人。
(2) かさを□（か）す。
(3) 外出を□（ゆる）す。
(4) □□（せきにん）感がある。
(5) □□（てきせつ）な言葉。
(6) 行事の□□（にってい）。

2 ――の敬語（けいご）の使い方が正しいほうに、○をつけましょう。　一つ6〔18点〕

(1)
ア（　）母が学校にいらっしゃる。
イ（　）母が学校に参る。

(2)
ア（　）校長先生が集会でお話しになる。
イ（　）校長先生が集会で申しあげる。

(3)
ア（　）わたしはおかしをめしあがる。
イ（　）わたしはおかしをいただく。

3 ――の言葉を、「お―になる」「お―する」の敬語を使って書き直しましょう。　一つ7〔28点〕

(1) 先生がすわる。（　　　　）
(2) お客様が飲む。（　　　　）
(3) 先生から聞く。（　　　　）
(4) お客様をむかえる。（　　　　）

漢字の広場② 複合語

月　日

／100点

1 ――の漢字の読みがなを書きましょう。　一つ10〔60点〕

(1) 複合語を使う。（　　）
(2) 移り変わる（　　）
(3) 厚い辞書。（　　）
(4) 牛の放し飼い。（　　）
(5) 車を移動する。（　　）
(6) 馬の飼育。（　　）

2 〈例〉にならって、下の言葉の読み方が変化するなら○、変化しないなら×をつけましょう。　一つ4〔20点〕

〈例〉柱＋時計（はしらとけい）→柱時計（どけい）（○）
(1) 夜＋汽車→夜汽車（　）
(2) 心＋強い→心強い（　）
(3) 指＋人形→指人形（　）
(4) 集合＋写真→集合写真（　）
(5) 流れる＋星→流れ星（　）

3 〈例〉にならって、一つの言葉を作りましょう。　一つ4〔20点〕

〈例〉「春」＋「風」→（春風）
(1) 「別」＋「世界」→（　　）
(2) 「雨」＋「ふる」→（　　）
(3) 「笑う」＋「話」→（　　）
(4) 「落ちる」＋「葉」→（　　）
(5) 「借りる」＋「物」＋「競走」→（　　）

答えは66ページ

かくにん 8

漢字の広場② 複合語

教科書㊤74〜75ページ

月　日

10分　／100点

1 □にあてはまる漢字を書きましょう。　一つ8〔48点〕

(1) □□（ふくごう）語
(2) 席を□（うつ）る。
(3) □（あつ）い本。
(4) 庭で犬を□（か）う。
(5) 電車で□□（いどう）する。
(6) □□（しいく）委員の仕事。

2 次の（　）にあてはまる言葉を□から選んで、形を変えてふくごう語を作りましょう。　一つ7〔28点〕

(1) 努力を（　　）重ねる。
(2) 二つの絵を（　　）比べる。
(3) 二人が（　　）よる。
(4) 二つの部品を（　　）合わせる。

歩む　組む　見る　積む

3 〈例〉にならって、次の言葉を二つの言葉に分けましょう。　一つ8〔24点〕

〈例〉話しあう → （話す ＋ あう）
(1) 使い分ける → （　　＋　　）
(2) よびよせる → （　　＋　　）
(3) 飛び去る → （　　＋　　）

教科書㊤76ページ

漢字の広場② 四年生で学んだ漢字②

月　日

10分　／100点

1 ――の漢字の読みがなを書きましょう。 一つ4〔100点〕

(1) 友を信じる。（　　）
(2) 松の木。（　　）
(3) 菜っ葉をにる。（　　）
(4) ご飯を食べる。（　　）
(5) 週末になる。（　　）
(6) 兵隊の行進。（　　）
(7) 昨夜のこと。（　　）
(8) 願いがかなう。（　　）
(9) 麦の栄養。（　　）
(10) きれいな浴室。（　　）
(11) パンを焼く。（　　）
(12) 季節の変化。（　　）
(13) 食器をあらう。（　　）
(14) 輪ゴムを取る。（　　）
(15) 長い連休。（　　）
(16) 害虫をふせぐ。（　　）
(17) 鏡を見る。（　　）
(18) 目覚まし時計（　　）
(19) 辞典を使う。（　　）
(20) 花が散る。（　　）
(21) 虫の観察。（　　）
(22) 軍手でつかむ。（　　）
(23) 体重を量る。（　　）
(24) 材料を買う。（　　）
(25) 父の愛読書。（　　）

答えは67ページ

かくにん 9

教科書㊤76ページ

漢字の広場②
四年生で学んだ漢字②

月　日

10分

／100点

1 □にあてはまる漢字を書きましょう。　一つ5〔100点〕

(1) 寒い□□（きせつ）。

(2) □□□（ほっきょくせい）が光る。

(3) □（しお）をふる。

(4) 国語□□（じてん）

(5) 木の□（め）の□□（かんさつ）。

(6) 漢字の□□（おんくん）。

(7) 夕食の□□（ざいりょう）。

(8) 失敗を□□（はんせい）する。

(9) □□（ぐんて）をつける。

(10) □□（よくしつ）の□（かがみ）。

(11) □（うめ）ぼしの□□（えいよう）。

(12) ご□（はん）の□（のこ）り。

(13) 人を□（しん）じる。

(14) □（す）箱をかける。

(15) □□（さくや）のできごと。

(16) 目を□（さ）ます。

教科書㊤82〜109ページ

「対話」というやりとり／素朴(そぼく)な琴(こと)／鳴く虫／山のあなた／大造(だいぞう)じいさんとがん (1)

月　日

10分　／100点

1 ——の漢字の読みがなを書きましょう。 一つ6〔60点〕

(1) 群れを率いる。（　　）
(2) がんの頭領。（　　）
(3) 夢中になる。（　　）
(4) 勝利を喜ぶ。（　　）
(5) 危(き)険を感じる。（　　）
(6) 熱心に指導する。（　　）
(7) 打率が上がる。（　　）
(8) 初夢を見る。（　　）
(9) 喜劇(げき)の役者。（　　）
(10) 険しい山。（　　）

2 次の言葉の意味を下から選んで、——で結びましょう。 一つ5〔30点〕

(1) けいせき・　　・ア 感心してほめたたえること。
(2) 計略(りゃく)・　　・イ 相手をだますための方法。
(3) らんまん・　　・ウ あらかじめ。前もって。
(4) 感嘆(たん)・　　・エ 花が美しくたくさんさく様子。
(5) かねて・　　・オ 物事のあったあと。
(6) 案の定・　　・カ 思っていたとおりに。

3 次の詩(八木重吉(やぎじゅうきち)の「素朴(そぼく)な琴(こと)」)の中で、歴史的かなづかいが用いられているところをア〜カから三つ選んで、記号で答えましょう。 全部できて〔10点〕

秋アの美しさイにウ耐(た)へかねて
琴エはオしづかに鳴りいだすカだらう

（　　）（　　）（　　）

答えは67ページ

かくにん 10

教科書㊤82〜109ページ

「対話」というやりとり／素朴(そぼく)な琴(こと)／鳴く虫／山のあなた／大造(だいぞう)じいさんとがん (1)

月　日

10分

／100点

1 □にあてはまる漢字を書きましょう。　一つ10〔60点〕

(1) 生徒を□(ひき)いる。

(2) 集団の□□(とうりょう)。

(3) □□(むちゅう)で走る。

(4) 再会を□(よろこ)ぶ。

(5) 危□(けん)な山道。

(6) 野球の□□(しどう)者。

2 次の言葉の意味をア〜エから選んで、記号で答えましょう。　一つ7〔28点〕

(1) 冴(さ)える（　　）　(2) ほんのり（　　）

(3) ——かねる（　　）　(4) 現代（　　）

ア　今の時代。

イ　——することがむずかしい。

ウ　かすかなさま。うっすら。

エ　色や音などがすんでいる。

3 （　）にあてはまる言葉をア〜ウから選んで、記号で答えましょう。　一つ4〔12点〕

(1) ここは、（　　）、負けたふりをしてみよう。

(2) （　　）次は決勝戦だ。

(3) 弟は鉄ぼうが（　　）上手だ。

ア　なかなか　　イ　ひとつ　　ウ　いよいよ

きほん 11

大造(だいぞう)じいさんとがん (2)

教科書㊤90〜109ページ

月　日

10分　／100点

1 ――の漢字の読みがなを書きましょう。　一つ5〔60点〕

(1) 動物の本能。（　）
(2) 計略をめぐらす。（　）
(3) 真っ赤な空。（　）
(4) 成功に導く。（　）
(5) 仲間を救う。（　）
(6) 白い花弁。（　）
(7) 堂々と歩く。（　）
(8) 貯水池のさく。（　）
(9) 雑木林を歩く。（　）
(10) 殺風景な部屋。（　）
(11) 子どもを救助する。（　）
(12) 息を殺す。（　）

2 次の説明にあてはまる言葉をア〜エから選んで、記号で答えましょう。　一つ7〔28点〕

(1) 軽々しく近づけない、おごそかな様子。（　）
(2) 心から気に入って、満足すること。（　）
(3) 物事のぐあい。（　）
(4) 命が終わるとき。死にぎわ。（　）

ア 最期(ご)　イ あんばい　ウ 会心　エ いげん

3 次の文に合うほうに、〇をつけましょう。　一つ6〔12点〕

(1) 友達が急にすがたを｛ア（　）現す。／イ（　）表す。｝
(2) 体力が｛ア（　）本／イ（　）元｝にもどる。

答えは67ページ

かくにん 11

教科書（上）90〜109ページ

大造じいさんとがん (2)

月　日

10分　／100点

1 □にあてはまる漢字を書きましょう。　一つ8〔64点〕

(1) 鳥の□□（ほんのう）。

(2) □□（けいりゃく）を練る。

(3) 生徒を□（みちび）く。

(4) 子ねこを□（すく）う。

(5) □□（かべん）が散る。

(6) □□□（ちょすいち）

(7) □□□（ぞうきばやし）

(8) □□□（さっぷうけい）な海辺。

2 次の言葉に合うものを下から選んで、――で結びましょう。　一つ7〔28点〕

(1) 目を　・　　・ア　うつ。

(2) 目にもの　・　　・イ　見せる。

(3) 不意を　・　　・ウ　ふかせる。

(4) ひとあわ　・　　・エ　くらます。

3 次の言葉の説明に合うほうに、○をつけましょう。　一つ4〔8点〕

(1) やま場
- ア（　）場面や人物について説明されるところ。
- イ（　）中心人物の心情や行動が大きく変わるところ。

(2) 山間部
- ア（　）山に囲まれたところ。
- イ（　）山のないところ。

きほん 12

教科書㊤110〜115ページ

言葉の文化② 鳥
俳句・短歌のリズムにのせて

月　日

10分　／100点

1 ――の漢字の読みがなを書きましょう。　一つ8〔64点〕

(1) 俳句のきまり。（　　）
(2) 得をする。（　　）
(3) 言葉で表現する。（　　）
(4) 情景を伝える。（　　）
(5) 印象が変わる。（　　）
(6) 日常のこと。（　　）
(7) 連想する（　　）
(8) 音を確かめる。（　　）

2 （　）にあてはまる言葉を、□から選んで書きましょう。　一つ7〔21点〕

(1) 飛ぶ（　　）を落とす勢い
（とても勢いがあること。）

(2) 能ある（　　）はつめかくす
（実力がある人ほど、ふだんはそれを出さないこと。）

(3) （　　）のなみだ
（とても少ないことのたとえ。）

たか　すずめ　鳥

3 次の言葉の意味を下から選んで、――で結びましょう。　一つ5〔15点〕

(1) 花鳥風月・　　・ア 一つのことで二つ得をすること。
(2) 一石二鳥・　　・イ 自然の美しい風物のこと。
(3) 鳥はだ　・　　・ウ 寒さなどでぶつぶつしたはだ。

答えは67ページ

教科書 上 110～115ページ

言葉の文化② 鳥
俳句・短歌のリズムにのせて

月　　日

／100点

1 □にあてはまる漢字を書きましょう。　一つ9〔36点〕

(1) 俳(はい)□(く)と短歌。

(2) 百円の□(とく)をする。

(3) □□(にちじょう)の生活。

(4) 左右を□(たし)かめる。

2 （　）にあてはまる言葉を、ア～オから選んで、記号で答えましょう。　一つ10〔40点〕

(1) はいくは（　）の音(おん)で、短歌は（　）の音で、気持ちや様子を表現します。

(2) はいくには（　）を入れる約束がありますが、短歌にはありません。

(3) 季語は（　）を使って調べることができます。

ア　五・七・五・七・七　　イ　五・七・五

ウ　季語　　エ　歳時記(さいじき)　　オ　短歌

3 次のはいくの季節を、漢字一字で答えましょう。　一つ8〔24点〕

(1) 柿(かき)くへ(エ)ば鐘(かね)が鳴るなり法隆寺(ほうりゅうじ)　正岡子規(まさおかしき)　（　）

(2) 菜の花や月は東に日は西に　与謝蕪村(よさぶそん)　（　）

(3) 目には青葉山ほととぎすはつ松魚(がつお)　山口素堂(やまぐちそどう)　（　）

きほん 13

教科書㊤116〜121ページ

月　日

10分　／100点

ミニディベート——AI（エーアイ）とのくらし

1 ——の漢字の読みがなを書きましょう。　一つ7〔56点〕

(1) 体力が増す。（　　）　(2) 準備をする。（　　）　(3) 有効に使う。（　　）

(4) 可能性がある。（　　）　(5) 評価を伝える。（　　）　(6) 資料を集める。（　　）

(7) 実際の問題。（　　）　(8) 作文の構成。（　　）

2 次の言葉の意味をア〜エから選んで、記号で答えましょう。　一つ6〔24点〕

(1) 観点（　　）　(2) ていあん（　　）

(3) ばんのう（　　）　(4) 根拠（きょ）（　　）

ア　何でもできること。

イ　ものごとを考えたり見たりするときの立場。

ウ　もとになる理由。

エ　考えや案を出すこと。

3 □にあてはまる漢字を、□から選んで書きましょう。　一つ5〔20点〕

(1) 問題□がある。　(2) 作曲□の仕事。

(3) 具体□を挙げる。　(4) 説得□のある話し方。

例　力　家　点

答えは67ページ

かくにん 13

教科書 上 116〜121ページ

ミニディベート——AIとのくらし

月　日

10分　／100点

1 □にあてはまる漢字を書きましょう。　一つ9〔63点〕

(1) 水量が□（ま）す。

(2) 旅行の□□（じゅんび）。

(3) □□（ゆうこう）な方法。

(4) □□□（かのうせい）を示す。

(5) □□（ひょうか）が高い。

(6) 話し合いの□□（しりょう）。

(7) □□（じっさい）に行く。

2 次の言葉に合うものを下から選んで、——で結びましょう。　一つ9〔27点〕

(1) 新しい自転車の機能を・　　・ア　がっかりした。

(2) プロの試合を見たのが・　　・イ　きっかけになる。

(3) 去年は児童会長として・　　・ウ　考案する。

3 ミニディベートで話を聞くときに大事なこととして、（　）にあてはまる言葉をア〜ウから選んで記号で答えましょう。　一つ5〔10点〕

(1) 相手の意見が（　　）とつながっているかどうかを考えながら聞く。

(2) 相手の意見と（　　）の意見とを比べながら聞く。

ア 自分　　イ 全員　　ウ 根拠（きょ）

教科書㊤122～123ページ

漢字の広場③　熟語の構成　(1)

月　日

10分　／100点

1 ——の漢字の読みがなを書きましょう。　一つ8〔64点〕

(1) 防犯の手引き。（　　）
(2) 風を防ぐ。（　　）
(3) 犯罪をにくむ。（　　）
(4) 国営の公園。（　　）
(5) 商店を営む。（　　）
(6) 人造湖（　　）
(7) 土手を造る。（　　）
(8) 主語を修飾する。（　　）

2 次の言葉の組み合わせでできる熟語を書きましょう。　一つ6〔24点〕

(1) 消す ←― 火を
(2) 市が ―→ 立てる
(3) 無い ←― 休みが
(4) 多いこと ←→ 少ないこと

3 下の言葉の意味を打ち消す漢字を、〔　〕から一つずつ選んで書きましょう。　一つ4〔12点〕

(1) □名　(2) □正　(3) □力

〔非　無　不〕

答えは68ページ

かくにん 14

教科書 上 122〜123ページ

漢字の広場③ 熟語の構成 (1)

月　日

10分　／100点

1 □にあてはまる漢字を書きましょう。　一つ8〔56点〕

(1) □□（ぼうはん）ベル

(2) 寒さを□（ふせ）ぐ。

(3) □□（はんざい）者

(4) □□（こくえい）事業

(5) 花屋を□（いとな）む。

(6) □□（じんぞう）ダイヤモンド

(7) □（しゅう）飾語を調べる。

2 次の各組の熟語の中で構成がことなるものを一つずつ選んで、記号で答えましょう。　一つ8〔32点〕

(1) ア 公立　イ 年少　ウ 日照　エ 消毒　（　　）

(2) ア 着席　イ 曲線　ウ 多数　エ 高山　（　　）

(3) ア 遠近　イ 左右　ウ 市立　エ 勝敗　（　　）

(4) ア 幸福　イ 森林　ウ 救助　エ 無人　（　　）

3 〔　〕の漢字を組み合わせて、関係のある意味の漢字がならぶ熟語を三つ作りましょう。　一つ4〔12点〕

□□　□□　□□

〔省　売　表　買　現　略〕

教科書㊤122～123ページ

漢字の広場③　熟語(じゅく)の構成　(2)

月　　日

10分

／100点

1 ――の漢字の読みがなを書きましょう。　一つ5〔60点〕

(1) 本の仮題。（　　）
(2) 仮の住まい。（　　）
(3) 昔の耕具。（　　）
(4) 畑を耕す。（　　）
(5) 綿布のシャツ。（　　）
(6) 布を切る。（　　）
(7) 損得を計算する。（　　）
(8) 豊富な資源(げん)。（　　）
(9) 豊かな土地。（　　）
(10) 永久に光る。（　　）
(11) 絶(た)えて久しい。（　　）
(12) 器具の消毒。（　　）

2 次の各組の熟語(じゅく)の構成をア～オから選んで、記号で答えましょう。　一つ8〔40点〕

(1) 不満・未定（　　）　(2) 海底・大陸（　　）
(3) 県立・国営（　　）　(4) 発言・読書（　　）
(5) 寒冷・強弱（　　）

ア　上の漢字が主語であるもの。
イ　上の漢字が下を修飾(しゅうしょく)するもの。
ウ　関係のある意味の漢字がならぶもの。
エ　上の漢字が動作を表し、その対象を表す漢字が下にくるもの。
オ　下の言葉の意味を打ち消す漢字が上につくもの。

答えは68ページ

かくにん 15

教科書㊤122〜123ページ

漢字の広場③ 熟語の構成 (2)

月　日

10分　／100点

1 □にあてはまる漢字を書きましょう。 一つ8〔64点〕

(1) 曲に□□（かだい）をつける。

(2) □□（こうぐ）でたがやす。

(3) 白い□□（めんぷ）。

(4) □（ぬの）のかばん。

(5) □□（そんとく）を考える。

(6) □□（ほうふ）な作物。

(7) □□（えいきゅう）に続く。

(8) 手の□□（しょうどく）。

2 〔　〕の漢字を組み合わせて、上の漢字が下を修飾する熟語を三つ作りましょう。 一つ6〔18点〕

〔本　青　者　心　話　空〕

□□　□□　□□

3 〔　〕の漢字を組み合わせて、上の漢字が動作を表し、その対象を表す漢字が下にくる熟語を三つ作りましょう。 一つ6〔18点〕

〔作　球　車　乗　曲　投〕

□□　□□　□□

漢字の広場③　四年生で学んだ漢字③
言葉の広場③　方言と共通語

教科書㊤124〜127ページ

月　日

10分　／100点

1 ——の漢字の読みがなを書きましょう。　一つ4〔84点〕

(1) 茨城県の産業。（　　）
(2) 栃木県の高原。（　　）
(3) 岐阜県の祭り。（　　）
(4) 京都府の寺。（　　）
(5) 奈良県の大学。（　　）
(6) 沖縄県の海。（　　）
(7) 長崎県の名物。（　　）
(8) 岡山県のもも。（　　）
(9) 滋賀県の湖。（　　）
(10) 新潟県産の米。（　　）
(11) 福井県の積雪。（　　）
(12) 富山県のダム。（　　）
(13) 愛媛県庁（　　）
(14) 山梨県のぶどう。（　　）
(15) 大阪府の空港。（　　）
(16) 宮城県の川。（　　）
(17) 鹿児島県の地形。（　　）
(18) 埼玉県の鉄道。（　　）
(19) 熊本城（　　）
(20) 香川県のうどん。（　　）
(21) 果物を食べる。（　　）

2 （　）にあてはまる言葉をア〜ウから選んで、記号で答えましょう。　一つ8〔16点〕

(1) （　　）を使うと、全国の人と意思を伝え合える。
(2) 日本語のアクセントは、（　　）共通ではない。

ア　全国　　イ　方言　　ウ　共通語

答えは68ページ

かくにん 16

漢字の広場③　四年生で学んだ漢字③　言葉の広場③　方言と共通語

教科書㊤124～127ページ

月　日

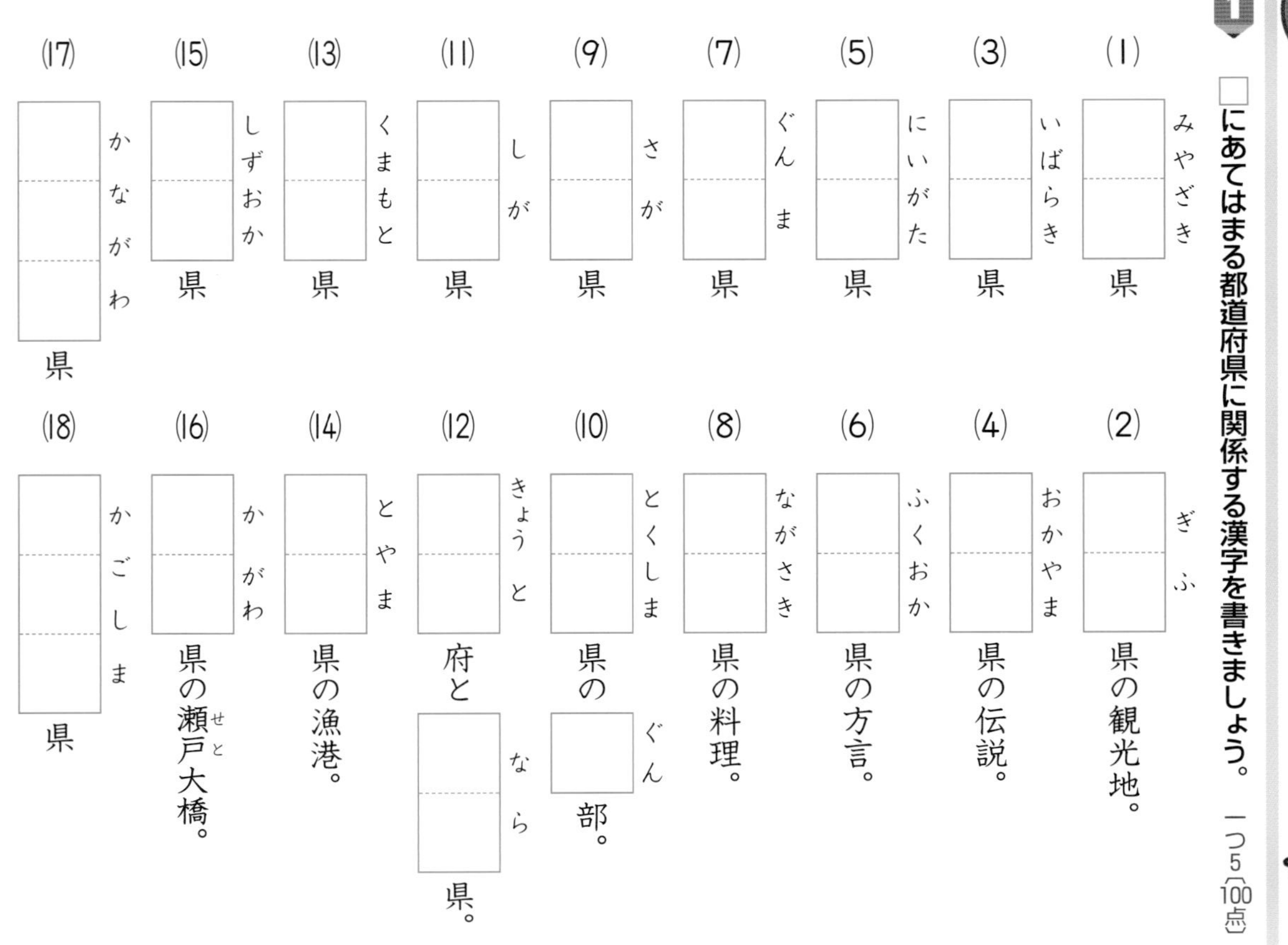

10分　／100点

1 □にあてはまる都道府県に関係する漢字を書きましょう。　一つ5〔100点〕

(1) □□（みやざき）県

(2) □□（ぎふ）県の観光地。

(3) □□（いばらき）県

(4) □□（おかやま）県の伝説。

(5) □□（にいがた）県

(6) □□（ふくおか）県の方言。

(7) □□（ぐんま）県

(8) □□（ながさき）県の料理。

(9) □□（さが）県

(10) □□（とくしま）県の□（ぐん）部。

(11) □□（しが）県

(12) □□（きょうと）府と□□（なら）県。

(13) □□（くまもと）県

(14) □□（とやま）県の漁港。

(15) □□（しずおか）県

(16) □□（かがわ）県の瀬戸（せと）大橋。

(17) □□□（かながわ）県

(18) □□□（かごしま）県

教科書 下 8～21ページ

月　日

世界遺産　白神山地からの提言 ——意見文を書こう

10分　／100点

1 ——の漢字の読みがなを書きましょう。　一つ6〔72点〕

(1) 提言書（　　）
(2) 屋根を支える。（　　）
(3) ブナの伐採。（　　）
(4) 自然の保護。（　　）
(5) 河口近くの海。（　　）
(6) 基本を守る。（　　）
(7) 規制がゆるむ。（　　）
(8) 市の施設。（　　）
(9) 学生に限る。（　　）
(10) 条件にかなう。（　　）
(11) 直接会う。（　　）
(12) 主張をつらぬく。（　　）

2 ——の漢字の、二通りの読み方を書きましょう。　一つ4〔16点〕

(1)
① 観光施設（　　）
② ルールを設ける。（　　）

(2)
① 子どもに限る。（　　）
② 最小限の加工。（　　）

3 （　）にあてはまる言葉をア～ウから選んで、記号で答えましょう。　一つ4〔12点〕

(1) これで説明は終わりです。（　）、問題を解いてください。
(2) 遊びに行ってもよい。（　）、早く帰ること。
(3) 寒くなるそうだ。（　）、雪もふるそうだ。

ア　また　　イ　ただし　　ウ　では

答えは68ページ

教科書㊦8〜21ページ

月　日

世界遺産　白神山地(しらかみさんち)からの提言
——意見文を書こう

10分　／100点

1 □にあてはまる漢字を書きましょう。　一つ8〔64点〕

(1) 森林の伐(ばっ)□(さい)。

(2) □□(かこう)にすむ魚。

(3) 学習の□□(きほん)。

(4) 交通□□(きせい)

(5) □□(じょうけん)をつける。

(6) □□□(さいしょうげん)の仕事。

(7) □□(ちょくせつ)見る。

(8) 筆者の□□(しゅちょう)。

2 次の言葉の意味を下から選んで、——で結びましょう。　一つ6〔18点〕

(1) 気運　・　　・ア　完全に行きわたること。

(2) 推(すい)移　・　　・イ　物事が向かう勢い。

(3) てってい・　　・ウ　物事が移り変わること。

3 意見文を書くときに気をつけることをア〜オから三つ選んで、○をつけましょう。　一つ6〔18点〕

ア（　）意見と根拠(きょ)は区別せずに書く。

イ（　）「　」に入れたり、改行したりして、引用を他と区別する。

ウ（　）予想される反論(ろん)やそれに対する自分の意見は書かない。

エ（　）引用には出典を明示する。

オ（　）自分の意見が明確に伝わるようにする。

教科書 下 22～29ページ

言葉の文化③ 「古典」を楽しむ

月　日

10分　／100点

1 ――の漢字の読みがなを書きましょう。　一つ9〔72点〕

(1) 琵琶(びわ)法師（　　）
(2) 木の枝。（　　）
(3) 形が似る。（　　）
(4) 演劇(げき)をみる。（　　）
(5) 水かさが増す。（　　）
(6) 学校の伝統。（　　）
(7) 日本の芸能。（　　）
(8) 実際のできごと。（　　）

2 ――の歴史的かなづかいをふくんだ部分の読み方として、正しいほうに○をつけましょう。　一つ6〔18点〕

(1) 竹取(たけとり)の翁(おきな)といふ　ア（　）いう／イ（　）えふ　者ありけり。

(2) 盛者必衰(じやうしやひつすい)(ジョウシャ)(ッ)のことわりをあらはす　ア（　）あらあす。／イ（　）あらわす。

(3) よろづ(ズ)のことに使ひ　ア（　）使い／イ（　）使う　けり。

3 次の言葉の意味を下から選んで、――で結びましょう。　一つ2〔10点〕

(1) 翁　・　　・ア 年をとった男の人。
(2) はんえい　・　　・イ おぼうさん。
(3) 法師　・　　・ウ 勢いがよく、さかえること。
(4) ほとり　・　　・エ 力が弱くなる。
(5) おとろえる・　　・オ そば。あたり。

答えは69ページ

かくにん 18

言葉の文化③ 「古典」を楽しむ

教科書㊦22〜29ページ

月　日

10分　／100点

1 □にあてはまる漢字を書きましょう。　一つ10〔40点〕

(1) 一寸（いっすん）□□（ぼうし）

(2) □（えだ）がのびる。

(3) デザインが□（に）る。

(4) □（えん）劇（げき）の練習。

2 次の作品の説明を下から選んで、——で結びましょう。　一つ12〔36点〕

(1) 『伊曽保（いそほ）物語』・

(2) 『竹取（たけとり）物語』・

(3) 『平家（へいけ）物語』・

・ア 千百年ほど前に作られた、日本で最も古いといわれる物語。

・イ 琵琶（びわ）ほうしによって語り伝えられた平家と源氏（げんじ）の争いの物語。

・ウ 四百年ほど前にヨーロッパから伝わった「イソップ童話」。

3 （　）にあてはまる言葉をア〜エから選んで、記号で答えましょう。　一つ6〔24点〕

(1) 能（のう）や（　）は、（　）時代から始まったえん劇です。

(2) 人形浄瑠璃（じょうるり）や（　）は、（　）時代に始まりました。

ア 室町（むろまち）　イ 江戸（えど）　ウ 歌舞伎（かぶき）　エ 狂言（きょうげん）

教科書㊦30〜31ページ

言葉の広場④ かなづかいで気をつけること

月　日

10分　／100点

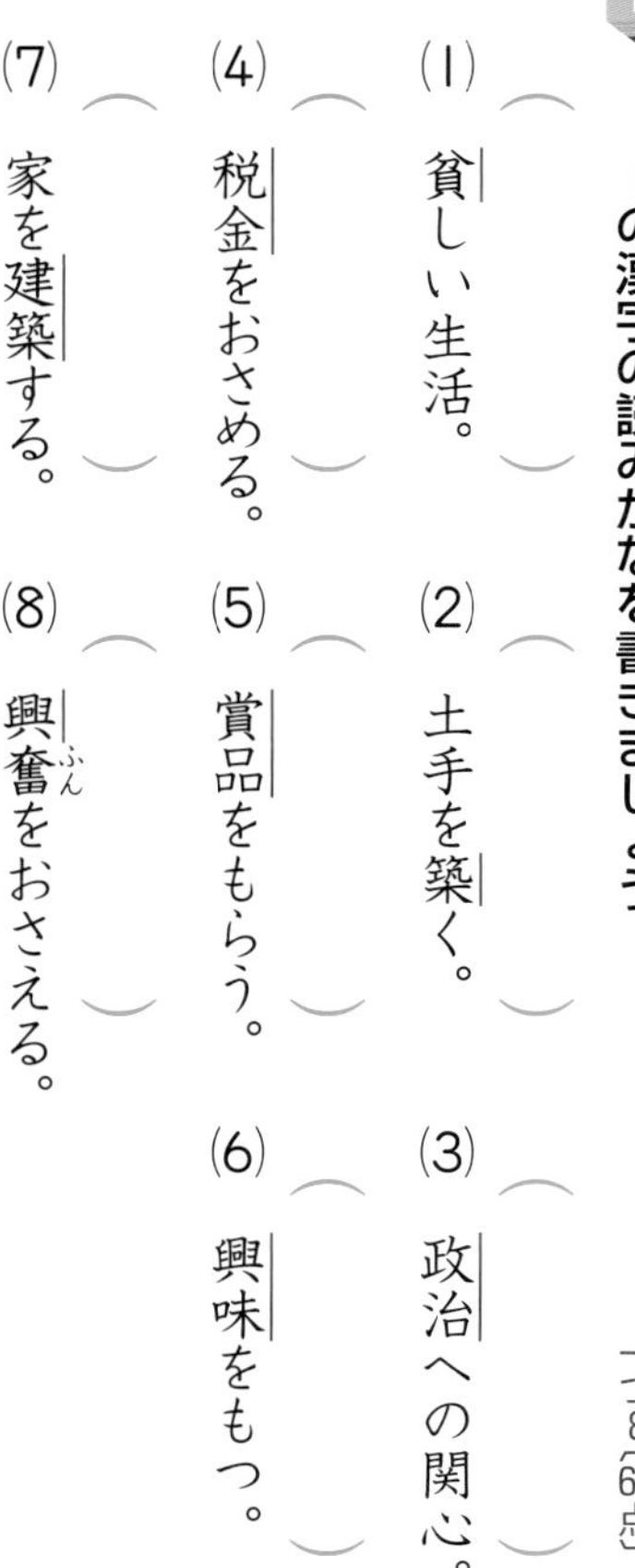

1 ——の漢字の読みがなを書きましょう。　一つ8〔64点〕

(1) 貧しい生活。（　　）
(2) 土手を築く。（　　）
(3) 政治への関心。（　　）
(4) 税金をおさめる。（　　）
(5) 賞品をもらう。（　　）
(6) 興味をもつ。（　　）
(7) 家を建築する。（　　）
(8) 興奮をおさえる。（　　）

2 かなづかいの正しいほうに、○をつけましょう。　一つ4〔20点〕

(1) せんたくで洋服が｛ア（　）ちぢむ。／イ（　）ちじむ。｝

(2) わすれものに｛ア（　）きづく。／イ（　）きずく。｝

(3) 思わず本音を｛ア（　）いう。／イ（　）ゆう。｝

(4) 寒さで池が｛ア（　）こうる。／イ（　）こおる。｝

(5) やあ、｛ア（　）こんにちは。／イ（　）こんにちわ。｝

3 次の漢字の読みがなを書きましょう。　一つ4〔16点〕

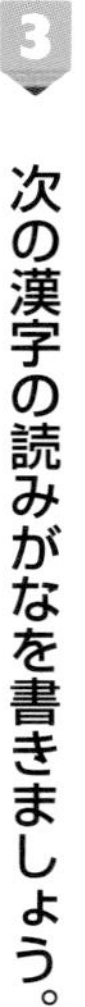

(1) 王様（　　）
(2) 英語（　　）
(3) 黒地（　　）
(4) 鼻血（　　）

答えは69ページ

かくにん 19

教科書㊦30〜31ページ

言葉の広場④ かなづかいで気をつけること

月　日

10分　／100点

1 □にあてはまる漢字を書きましょう。　一つ6〔36点〕

(1) □（まず）しいくらし。

(2) 橋を□（きず）く。

(3) □□（せいじ）を学ぶ。

(4) □□（ぜいきん）の使い道。

(5) 一等の□□（しょうひん）。

(6) 外国に□□（きょうみ）をもつ。

2 ——の漢字の読みがなを書きましょう。　一つ10〔40点〕

(1) 地震（しん）（　　　）

(2) 姉さん（　　　）

(3) 続く（　　　）

(4) 通り（　　　）

3 次の文には、かなづかいのまちがいが二つずつあります。右側に——を引いて、正しく直しましょう。　一つ3〔18点〕

(1) 父わ、部屋の中をかたずける。

(2) こおいうときは、先生の言うとうりにしよう。

(3) そおじをつずける。

4 □にあてはまるかなづかいとして、「ず・づ」のどちらか正しいほうを書きましょう。　両方できて〔6点〕

み□うみに、みか□きがうつっている。

教科書 ㊦ 32～33ページ

漢字の広場④　漢字の成り立ち

月　日

10分　／100点

1 ――の漢字の読みがなを書きましょう。　一つ6〔54点〕

(1) けがの原因。（　）
(2) 武器を持つ。（　）
(3) 河原で遊ぶ。（　）
(4) 眼科へ通う。（　）
(5) 財産を分ける。（　）
(6) かかった金額。（　）
(7) 二十一世紀（　）
(8) 武者人形（　）
(9) ねこの額。（　）

2 次の説明にあてはまる漢字を、□から三つずつ選んで書きましょう。　一つ5〔30点〕

(1) 漢字の意味を組み合わせた漢字。（会意(かいい)文字）
□□□

(2) 意味を表す部分と、音(おん)を表す部分とを組み合わせた漢字。（形声(けいせい)文字）
□□□

林　額　河　品　財　名

3 □にあてはまる漢字を書きましょう。　一つ4〔16点〕

(1) 山＋石＝□
(2) 人＋木＝□
(3) 口＋鳥＝□
(4) 田＋力＝□

答えは69ページ

かくにん 20

教科書㊦32～33ページ

漢字の広場④　漢字の成り立ち

月　日

10分　／100点

1 □にあてはまる漢字を書きましょう。　一つ6〔36点〕

(1) □□(げんいん)と結果。
(2) □□(ぶき)をすてる。
(3) 近所の□□(がんか)。
(4) □□(ざいさん)を築く。
(5) □□(きんがく)が大きい。
(6) 六□□(せいき)ごろの日本。

2 次の□のそれぞれの部分を組み合わせてできる漢字を、八つ書きましょう。それぞれ一度だけしか使えません。　一つ5〔40点〕

音(おん)を表す部分				
方	化	果	氏
豆	永	反	官

意味を表す部分			
木	氵	言	文
糸	竹	貝	頁

□　□　□　□　□　□　□　□

3 次の文字にあてはまる漢字をア～クから二つずつ選んで、記号で答えましょう。　一つ3〔24点〕

(1) 象形(しょうけい)文字（　・　）
(2) 指事(しじ)文字（　・　）
(3) 会意(かいい)文字（　・　）
(4) 形声(けいせい)文字（　・　）

ア 油　イ 二　ウ 加　エ 好
オ 人　カ 末　キ 馬　ク 週

教科書㊦34ページ

漢字の広場④　四年生で学んだ漢字④

月　日

10分　／100点

1 ——の漢字の読みがなを書きましょう。　一つ4〔100点〕

(1) 倉庫に入れる。（　　）
(2) 説明を聞く。（　　）
(3) 目的地に着く。（　　）
(4) 役所で働く。（　　）
(5) 母の苦労。（　　）
(6) 不思議な話。（　　）
(7) 清流にすむ魚。（　　）
(8) 街灯がともる。（　　）
(9) 民芸品を買う。（　　）
(10) 着陸する（　　）
(11) はま辺で遊ぶ。（　　）
(12) 最新式の電話。（　　）
(13) 周りを見る。（　　）
(14) 海底が浅い。（　　）
(15) 機械を直す。（　　）
(16) 博物館（　　）
(17) 自然を守る。（　　）
(18) 警（けい）察官（　　）
(19) 法律（りっ）の本。（　　）
(20) 印刷所で働く。（　　）
(21) 貨物列車（　　）
(22) 記念品（　　）
(23) 漁船に乗る。（　　）
(24) 飛行機がとぶ。（　　）
(25) 牧場の風景。（　　）

答えは69ページ

かくにん 21

漢字の広場④ 四年生で学んだ漢字④

教科書㊦34ページ

月　日

10分

／100点

1 □にあてはまる漢字を書きましょう。　一つ4〔100点〕

(1) はま□（べ）の□□（ふうけい）。

(2) □□（がいとう）が□（て）らす。

(3) □□□（はくぶつかん）の見物。

(4) □□（ぎょせん）の□（つ）み荷。

(5) □□（ぼくじょう）の□□（しぜん）。

(6) □□□（ひこうき）に乗る。

(7) □□□（いんさつじょ）へ行く。

(8) □□□（みんげいひん）を見る。

(9) □□□□（かもつれっしゃ）

(10) □□（さいしん）式の□□（きかい）。

(11) □□（きねん）写真

(12) □□（そうこ）で□（はたら）く。

(13) □（ほう）律を学ぶ。

(14) □（あさ）い川で泳ぐ。

(15) □□□（もくてきち）に着く。

(16) □□（かいてい）の生物。

(17) 警□□（さつかん）の仕事。

(18) □□（たてもの）の□（まわ）り。

きほん 22

教科書㊦36〜73ページ

雪わたり
読書の広場③　「図書すいせん会」をしよう
言葉の広場⑤　言葉で伝える、心を伝える

月　日

10分　／100点

1 ――の漢字の読みがなを書きましょう。　一つ7〔63点〕

(1) 赤く燃える。（　　）
(2) 粉を練る。（　　）
(3) 入場を断る。（　　）
(4) 寄贈（ぞう）する（　　）
(5) 評判が悪い。（　　）
(6) 右往左往（　　）
(7) まきを燃料にする。（　　）
(8) 花粉がとぶ。（　　）
(9) 油断する（　　）

2 次の言葉の意味を下から選んで、――で結びましょう。　一つ5〔25点〕

(1) 心にとめる　・　　・ア 不満だという顔をする。
(2) 口をとがらす　・　　・イ このうえなくおいしい。
(3) ほっぺたが落ちる・　　・ウ わすれずに覚えておく。
(4) 目がくらむ　・　　・エ うらやんでにくむ。
(5) そねむ　・　　・オ 心をうばわれて、正しく見きわめられない。

3 （　）にあてはまる言葉をア〜ウから選んで、記号で答えましょう。　一つ4〔12点〕

(1) 野原は平らで、まるで一枚（まい）の（　　）のようだ。
(2) 銀の（　　）のようなひげをひねる。
(3) きつねの生徒たちが、（　　）のようににげ帰る。

ア 風　　イ はり　　ウ 板

答えは70ページ

かくにん 22

教科書 ㊦ 36〜73ページ

雪わたり
読書の広場③ 「図書すいせん会」をしよう
言葉の広場⑤ 言葉で伝える、心を伝える

月　日

10分　／100点

1 □にあてはまる漢字を書きましょう。　一つ10〔40点〕

(1) ごみが□(も)える。

(2) □(こな)をまぶす。

(3) さそいを□(ことわ)る。

(4) □□(ひょうばん)が上がる。

2 (　)にあてはまる言葉をア〜エから選んで、記号で答えましょう。　一つ10〔40点〕

(1) 野原が朝つゆで(　　)光る。

(2) 注意をひくため(　　)とせきばらいをする。

(3) 急に明るくなり、目を(　　)する。

(4) かくれて(　　)ないしょ話をする。

ア　キラキラ　　イ　ひそひそ

ウ　パチパチ　　エ　エヘンエヘン

3 言葉でやりとりをするときに大切なこととして、正しいほうに○をつけましょう。　一つ10〔20点〕

(1) 伝えるときは、{ア(　　)自分の立場／イ(　　)相手の立場}に立って、きちんと伝わるようにくわしく伝える。

(2) 聞くときは、自分が{ア(　　)思いこみ／イ(　　)意地悪}をしていないか、確かめる。

生活をよりよくする提案
言葉の広場⑥ 和語・漢語・外来語

月　日

10分　／100点

1 ――の漢字の読みがなを書きましょう。 一つ7〔84点〕

(1) 不衛生になる。（　　）
(2) 学校で過ごす。（　　）
(3) 簡(かん)潔に書く。（　　）
(4) 環(かん)境を守る。（　　）
(5) 実態の調査。（　　）
(6) 長い航海。（　　）
(7) 車が停止する。（　　）
(8) 外国との貿易。（　　）
(9) 婦人服を売る。（　　）
(10) 酸素(そ)ボンベ（　　）
(11) 作家の講演。（　　）
(12) 駅を通過する。（　　）

2 次の言葉の説明をア〜ウから選んで、記号で答えましょう。一つ3〔9点〕

(1) 和語（　　）　(2) 漢語（　　）　(3) 外来語（　　）

ア　漢字の音読みを使って表される言葉で、改まって言うときや書き表すときに多く使われる。

イ　世界のさまざまな言葉から日本語の中に入ってきた言葉で、ふつうはかたかなで書かれる。

ウ　日本でもとから使われていた言葉で、「大和(やまと)言葉」ともいわれる。

3 自分の意見を述べる言い方のほうに○をつけましょう。 〔7点〕

元気な人は病人に席をゆずるべき｛ア（　　）ではないか。／イ（　　）だとあった。｝

答えは70ページ

かくにん 23

教科書 下 76～85ページ

生活をよりよくする提案
言葉の広場⑥ 和語・漢語・外来語

月　日

10分　／100点

1 □にあてはまる漢字を書きましょう。　一つ5〔40点〕

(1) 食品［えいせい］
(2) 楽しく［す］ごす。
(3) 市の［ちょうさ］。
(4) 太平洋（たいへいよう）を［こうかい］する。
(5) 活動の［ていし］。
(6) さかんな［ぼうえき］。
(7) ［ふじん］用のかさ。
(8) ［こうえん］を聞く。

2 次の漢語を和語に変えて、漢字と送りがなで書きましょう。　一つ5〔20点〕

(1) 生物（せいぶつ） →（　　）
(2) 開始する →（　　）
(3) 発見する →（　　）
(4) 勝利する →（　　）

3 次の文の――の言葉は、ア「和語」、イ「漢語」、ウ「外来語」のどれですか。記号で答えましょう。　一つ8〔40点〕

①ピアノの②練習のあと、③母と④レストランで⑤食事をした。

①（　）②（　）③（　）④（　）⑤（　）

教科書㊦86〜87ページ

漢字の広場⑤　同じ音(おん)の漢字

月　日

10分　／100点

1 ――の漢字の読みがなを書きましょう。　一つ6〔72点〕

(1) 再会を喜ぶ。（　）
(2) 父の旧友。（　）
(3) 国語の成績。（　）
(4) 平均点を出す。（　）
(5) 意志がかたい。（　）
(6) 気象の観測。（　）
(7) 暴風雨になる。（　）
(8) 水質の検査。（　）
(9) 新製品の発売。（　）
(10) 復習をする。（　）
(11) 算数の授業。（　）
(12) 馬が暴れる。（　）

2 言葉の使い方が正しいほうに、○をつけましょう。　一つ4〔28点〕

(1) 社会の仕組みに｛ア（　）関心　イ（　）感心｝をもつ。
(2) 反対意見は｛ア（　）少数　イ（　）小数｝だった。
(3) 百メートル｛ア（　）競争　イ（　）競走｝の種目に出る。
(4) 世界の｛ア（　）人口　イ（　）人工｝を調べる。
(5) 小学生が｛ア（　）対照　イ（　）対象｝のスポーツ教室。
(6) 夏休みの｛ア（　）器官　イ（　）期間｝に終わらせる。
(7) がんばったことが｛ア（　）自身　イ（　）自信｝になった。

答えは70ページ

かくにん 24

教科書（下）86〜87ページ

漢字の広場⑤　同じ音の漢字

月　日

10分　／100点

1 □にあてはまる漢字を書きましょう。　一つ5〔40点〕

(1) 先生と□□（さいかい）する。

(2) □□（きゅうゆう）からの手紙。

(3) □□（へいきんてん）

(4) □□（いし）の強い人。

(5) □□（ぼうふうう）

(6) 新□□（せいひん）の開発。

(7) 予習と□（ふく）習。

(8) □□（じゅぎょう）を受ける。

2 □にあてはまる、同じ読み方の漢字を書きましょう。　一つ6〔60点〕

(1) けん
①よい経□。
②火の点□。

(2) せき
①畑の面□。
②功□を残す。

(3) ふく
①□委員長
②家族の幸□。

(4) そく
①土地の□量。
②顔の□面。

(5) じ
①国語□典
②百科□典

教科書 ㊦ 88ページ

漢字の広場⑤
四年生で学んだ漢字⑤

月　日

10分　／100点

1 ――の漢字の読みがなを書きましょう。　一つ4〔100点〕

(1) にっこり笑う。（　）
(2) 兄に協力する。（　）
(3) 各国の代表。（　）
(4) 病気が治る。（　）
(5) 折り紙を買う。（　）
(6) 結果が出る。（　）
(7) 病院の副院長。（　）
(8) 孫のたん生日。（　）
(9) 健康を願う。（　）
(10) 大声で泣く。（　）
(11) 便利な道具。（　）
(12) 受付票を出す。（　）
(13) 白衣を着る。（　）
(14) 包帯をまく。（　）
(15) 冷静になる。（　）
(16) 夫と妻(つま)。（　）
(17) 氏名を書く。（　）
(18) 足の関節。（　）
(19) 熱が出る。（　）
(20) 大臣の名前。（　）
(21) 家具を固定する。（　）
(22) 出産祝い（　）
(23) 名札をつける。（　）
(24) うでの血管。（　）
(25) 初めて会う。（　）

答えは70ページ

かくにん 25

教科書㊦88ページ

月　日

10分

／100点

漢字の広場⑤
四年生で学んだ漢字⑤

1 □にあてはまる漢字を書きましょう。 一つ5〔100点〕

(1) □（まご）が□（わら）う。

(2) □□（けつかん）がうき出る。

(3) □□（けんこう）を保つ。

(4) □□（ろうじん）の□□（きょうりょく）。

(5) 住所と□□（しめい）。

(6) □（ねつ）をはかる。

(7) □□□（ふくいんちょう）になる。

(8) 本を□（か）りる。

(9) 入院の□□（てつづ）き。

(10) □□□（うけつけひょう）に書く。

(11) □□（ほうたい）をほどく。

(12) □□（べんり）な器具。

(13) □□（りょうこう）な□□（けっか）。

(14) □□（しゅっさん）を□（いわ）う。

(15) ひじの□□（かんせつ）。

(16) 態度を□（あらた）める。

まんがの方法 (1)

教科書㊦90〜103ページ

月　日

10分　／100点

1 ――の漢字の読みがなを書きましょう。　一つ10〔70点〕

(1) 週刊のまんが。（　　）
(2) 五個のコマ。（　　）
(3) 記録を破る。（　　）
(4) 要素に分ける。（　　）
(5) 独特の笑い。（　　）
(6) マラソンの走破。（　　）
(7) 独り立ちする。（　　）

2 次の言葉の意味をア〜エから選んで、記号で答えましょう。　一つ4〔16点〕

(1) 回想（　　）　(2) ふんいき（　　）
(3) 要素（　　）　(4) はくりょく（　　）

ア　人の心に強くせまってくる力。
イ　物事が成り立つうえで必要なもの。
ウ　その場に自然に生まれてくる感じや気分。
エ　自分が経験した過去のことを思い返すこと。

3 次のような書き方になっているほうの文に、○をつけましょう。　一つ7〔14点〕

(1) 事実を断言する書き方
ア（　）エアコンによってへやをすずしくできるのです。
イ（　）では、エアコンはどのような仕組みなのでしょうか。

(2) 筆者が自分の考えを述べる書き方
ア（　）市内できょうりゅうの化石が見つかりました。
イ（　）大昔、ここにきょうりゅうがいたからでしょう。

答えは70ページ

かくにん 26

まんがの方法 (1)

教科書㊦90〜103ページ

月　日

10分　／100点

1 □にあてはまる漢字を書きましょう。　一つ10〔50点〕

(1) □□（しゅうかん）のざっし。

(2) りんごが□□（ごこ）ある。

(3) 静けさを□（やぶ）る。

(4) 二つの□□（ようそ）がある。

(5) □□（どくとく）の手法。

2 次の様子をあらわす言葉をア〜ウから選んで、記号で答えましょう。　一つ6〔18点〕

(1) 場所がものでいっぱいになっている様子。（　　）

(2) 無理に理由など考えなくていい様子。（　　）

(3) よくなれ親しんでいる様子。（　　）

ア　りくつぬきに　　イ　なじみ深い　　ウ　所せましと

3 ——の言葉を、漢字と送りがなで書きましょう。　一つ6〔24点〕

(1) 風船をわたすのは、子どもにかぎる。（　　）

(2) はん長としての責任をはたす。（　　）

(3) 野菜を切って、すと塩をくわえる。（　　）

(4) まんがで人物の気持ちをあらわす。（　　）

4 次の文からまちがっている漢字をぬき出し、正しく書き直しましょう。　両方できて〔8点〕

このせりふには重用な意味がある。

□ → □

教科書㊦90～109ページ

まんがの方法 (2)
ひみつを調べて発表しよう

月　日

／100点

1 ――の漢字の読みがなを書きましょう。　一つ5〔60点〕

(1) 公益性が高い。（　　）
(2) 正義感が強い。（　　）
(3) 圧倒（とう）的な勝利。（　　）
(4) 居住地を記す。（　　）
(5) 流線型の利点。（　　）
(6) 統一性がある。（　　）
(7) 土地の液状化。（　　）
(8) 禁止事項（こう）を書く。（　　）
(9) 賛成の意見。（　　）
(10) 絶滅（めつ）する（　　）
(11) 結果を報告する。（　　）
(12) 総合的に見る。（　　）

2 次の言葉の意味を下から選んで、――で結びましょう。　一つ5〔20点〕

(1) 展（てん）開・　　・ア　一部分をはぶき、かんたんにすること。
(2) 単純（じゅん）・　　・イ　物事がくり広げられていくこと。
(3) 経過・　　・ウ　時が流れて過ぎていくこと。
(4) 省略・　　・エ　こみいってなくて、かんたんな様子。

3 □に合う漢字を[　]から選んで書きましょう。　一つ5〔20点〕

(1) 効果□な方法。
(2) 機械□が進む。
(3) 植物□の製品。
(4) 責任□がある。

的　感　性　化

答えは71ページ

かくにん 27

教科書 ㊦ 90～109ページ

まんがの方法 (2)
ひみつを調べて発表しよう

月　日

10分　／100点

1 □にあてはまる漢字を書きましょう。　一つ7〔70点〕

(1) □□□（こうえきせい）

(2) □□□（せいぎかん）の強い人。

(3) 現在の□□（きょじゅう）地。

(4) □□□（りゅうせんけい）

(5) □□□（えきじょうか）現象

(6) 進入を□□（きんし）する。

(7) □□（さんせい）の理由。

(8) マンモスが□（ぜつ）滅（めつ）する。

(9) 成果を□□（ほうこく）する。

(10) □□□（そうごうてき）に考える。

2 （　）にあてはまる言葉をア～オから選んで、記号で答えましょう。　一つ6〔30点〕

(1) 製品の人気のひみつを（　）。

(2) 母の似顔絵を（　）。

(3) 姉が妹によいえいきょうを（　）。

(4) おさないころから、自然に（　）。

(5) 調査の結果をグラフで（　）。

ア　親しむ　イ　さぐる　ウ　示す

エ　えがく　オ　あたえる

教科書 ㊦ 110～111ページ

漢字の広場⑥　送りがなのきまり

月　日

10分　／100点

1 ――の漢字の読みがなを書きましょう。　一つ5〔50点〕

(1) 桜がさく。（　　）
(2) 仏の顔も三度。（　　）
(3) 夫と妻。（　　）（　　）
(4) 古い校舎。（　　）
(5) 鉱山に入る。（　　）
(6) 銅が採れる。（　　）
(7) 脈が速い。（　　）
(8) 輸入業を始める。（　　）
(9) 学校の規則。（　　）
(10) 畑に肥料をまく。（　　）

2 ――の送りがなの正しいほうに、○をつけましょう。　一つ5〔20点〕

(1) ア（　）明らかだ。　イ（　）明きらかだ。
(2) ア（　）美い花。　イ（　）美しい花。
(3) ア（　）勢がある。　イ（　）勢いがある。
(4) ア（　）代わり。　イ（　）代り。

3 次の読み方の言葉で、送りがながつかないものには×を、送りがながつくものには送りがなを書きましょう。　一つ5〔30点〕

(1) はなし　話（　　）
(2) たより　便（　　）
(3) はれ　晴（　　）
(4) さいわい　幸（　　）
(5) やすみ　休（　　）
(6) たてもの　建（　　）物

答えは71ページ

かくにん 28

教科書㊦110〜111ページ

漢字の広場⑥　送りがなのきまり

月　日

10分　／100点

1 □にあてはまる漢字を書きましょう。　一つ7〔70点〕

(1) □（さくら）の花びら。

(2) お寺の□（ほとけ）様。

(3) □（つま）の職業。

(4) 小学校の□□（こうしゃ）。

(5) 銀が採れる□□（こうざん）。

(6) □（どう）メダルをもらう。

(7) □（みゃく）はくを測る。

(8) 食品の□□（ゆにゅう）業。

(9) □□（きそく）を守る。

(10) 化学□□（ひりょう）の成分。

2 ――の言葉を、漢字と送りがなで書きましょう。　一つ5〔30点〕

(1) このあたりで休けいしよう。（　　）

(2) ピアノをおそわる。（　　）

(3) うしろをふりむく。（　　）

(4) きよらかな谷川の流れ。（　　）

(5) 夏まつりに行く。（　　）

(6) 人の流れにさからう。（　　）

教科書 ㊦ 112ページ

漢字の広場⑥
四年生で学んだ漢字⑥

月　日

10分

／100点

1 ――の漢字の読みがなを書きましょう。　一つ4〔100点〕

(1) 右側通行（　）
(2) 学校を欠席する。（　）
(3) 重要な問題。（　）
(4) 友達との約束。（　）
(5) 低学年向けの本。（　）
(6) 仲よしになる。（　）
(7) 課題を出す。（　）
(8) 一億人の人。（　）
(9) 英語を学ぶ。（　）
(10) 百未満の数。（　）
(11) 日々の努力。（　）
(12) 希望をいだく。（　）
(13) 卒業式（　）
(14) 目標をもつ。（　）
(15) 直径を測る。（　）
(16) 技術の上達。（　）
(17) 試験を受ける。（　）
(18) 例題を解く。（　）
(19) 挙手する。（　）
(20) 形が変わる。（　）
(21) 給食を食べる。（　）
(22) 共感を示す。（　）
(23) 名案がうかぶ。（　）
(24) 一兆円の予算。（　）
(25) 全員で合唱する。（　）

答えは71ページ

かくにん 29

漢字の広場⑥ 四年生で学んだ漢字⑥

教科書㊦112ページ

月　日

10分　／100点

1 □にあてはまる漢字を書きましょう。　一つ5〔100点〕

(1) それは□□(めいあん)だ。

(2) □□(やくそく)を守る。

(3) □□(きゅうしょく)の時間。

(4) □(おく)の□□(たんい)。

(5) ダンスが□□(じょうたつ)する。

(6) □(なか)よしの三人。

(7) □(てい)学年の□□(じどう)。

(8) □□(もくひょう)をかかげる。

(9) □□(がっしょう)コンクール

(10) 詩に□□(きょうかん)する。

(11) □□(そつぎょう)式に出る。

(12) 円の□□(ちょっけい)。

(13) □□(えいご)の□□(しけん)。

(14) □□(きょしゅ)を□(もと)める。

(15) 一万人□□(みまん)の人口。

(16) □□(きぼう)をかなえる。

きほん 30

教科書 下 114～133ページ

月　日

10分　／100点

みすゞ(ず)さがしの旅 ——みんなちがって、みんないい (1)

1 ——の漢字の読みがなを書きましょう。 一つ5〔60点〕

(1) 出版社で働く。（　）
(2) 書き留める（　）
(3) 墓に参る。（　）
(4) 新幹線に乗る。（　）
(5) 劇(げき)団の公演。（　）
(6) 事務の仕事。（　）
(7) 祖母の着物。（　）
(8) 大切な存(そん)在。（　）
(9) 留学する（　）
(10) 墓地を歩く。（　）
(11) 太い木の幹。（　）
(12) 当番を務める。（　）

2 次の言葉の意味を下から選んで、——で結びましょう。 一つ4〔20点〕

(1) 生涯(がい)・　　・ア 物事が進み広がること。
(2) 絶賛・　　・イ 相手のためを思って注意すること。
(3) 忠(ちゅう)告・　　・ウ 生まれてから死ぬまでの間。
(4) 進展(てん)・　　・エ 原稿を出版社などに送ること。
(5) 投稿(こう)・　　・オ このうえなくほめること。

3 （　）にあてはまる言葉をア～エから選んで、記号で答えましょう。 一つ5〔20点〕

(1) 母は（　）をうちながら話を聞いてくれる。
(2) あわてずに（　）おいてから答える。
(3) （　）を見つけては音楽をきく。
(4) 赤ちゃんにやさしい（　）を向ける。

ア ひま　　イ あいづち
ウ まなざし　　エ ひとこきゅう

答えは71ページ

かくにん30

教科書㊦114〜133ページ

みすゞ(ず)さがしの旅 ——みんなちがって、みんないい (1)

月　日

10分　／100点

1 □にあてはまる漢字を書きましょう。　一つ7〔56点〕

(1) □□□(しゅっぱんしゃ)

(2) 手帳に書き□(と)める。

(3) □(はか)に花をそなえる。

(4) □□□(しんかんせん)の車体。

(5) 劇(げき)□(だん)の□□(じむ)所。

(6) □□(そぼ)の存(そん)□(ざい)。

2 次の言葉に合うものを下から選んで、——で結びましょう。　一つ8〔32点〕

(1) 多くの観光客で街が　・　　・ア　あつかう。

(2) 人物の才能が　・　　・イ　たどり着く。

(3) この店は輸入雑貨を　・　　・ウ　うもれる。

(4) 苦労してようやく結論(ろん)に・　　・エ　にぎわう。

3 (　)にあてはまる言葉を、□から選んで書きましょう。　一つ4〔12点〕

(1) たまごをわって、(　　　)よくかきまぜる。

(2) 新商品の発売日に、(　　　)買いに行った。

(3) 目が合った。(　　　)初めて話しかけることができた。

この時　それから　さっそく

きほん 31

教科書 下 114～133ページ

みすゞ(ず)さがしの旅 ――みんなちがって、みんないい (2)

月　日

10分　／100点

1 ――の漢字の読みがなを書きましょう。 一つ6〔72点〕

(1) 旅行の費用。（　）
(2) 予算が余る。（　）
(3) 余分な食器。（　）
(4) 福を招く。（　）
(5) 招待状を送る。（　）
(6) 明るい性格。（　）
(7) 絵画をかざる。（　）
(8) 心情を読み取る。（　）
(9) 夢中になる。（　）
(10) 感受性が強い。（　）
(11) おだやかな気質。（　）
(12) 事件の調査。（　）

2 （　）にあてはまる言葉を、[　]から選んで書きましょう。 一つ6〔18点〕

(1) （　）の時間はわずかだ。
(2) おかしを、人よりも（　）にもらう。
(3) わり算の計算をして（　）を出す。

余り　余分　残り

3 次の文に合うほうに、○をつけましょう。 一つ5〔10点〕

(1) 本がとどいたので、{ア（　）さっそく／イ（　）ようやく}読み始めた。
(2) 工作の本箱が{ア（　）さっそく／イ（　）ようやく}完成した。

答えは72ページ

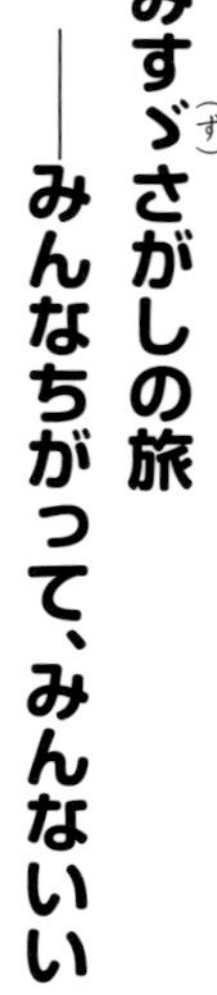

かくにん 31

教科書㊦114〜133ページ

みすゞ（ず）さがしの旅 ——みんなちがって、みんないい (2)

月　日

10分　／100点

1 □にあてはまる漢字を書きましょう。　一つ10〔70点〕

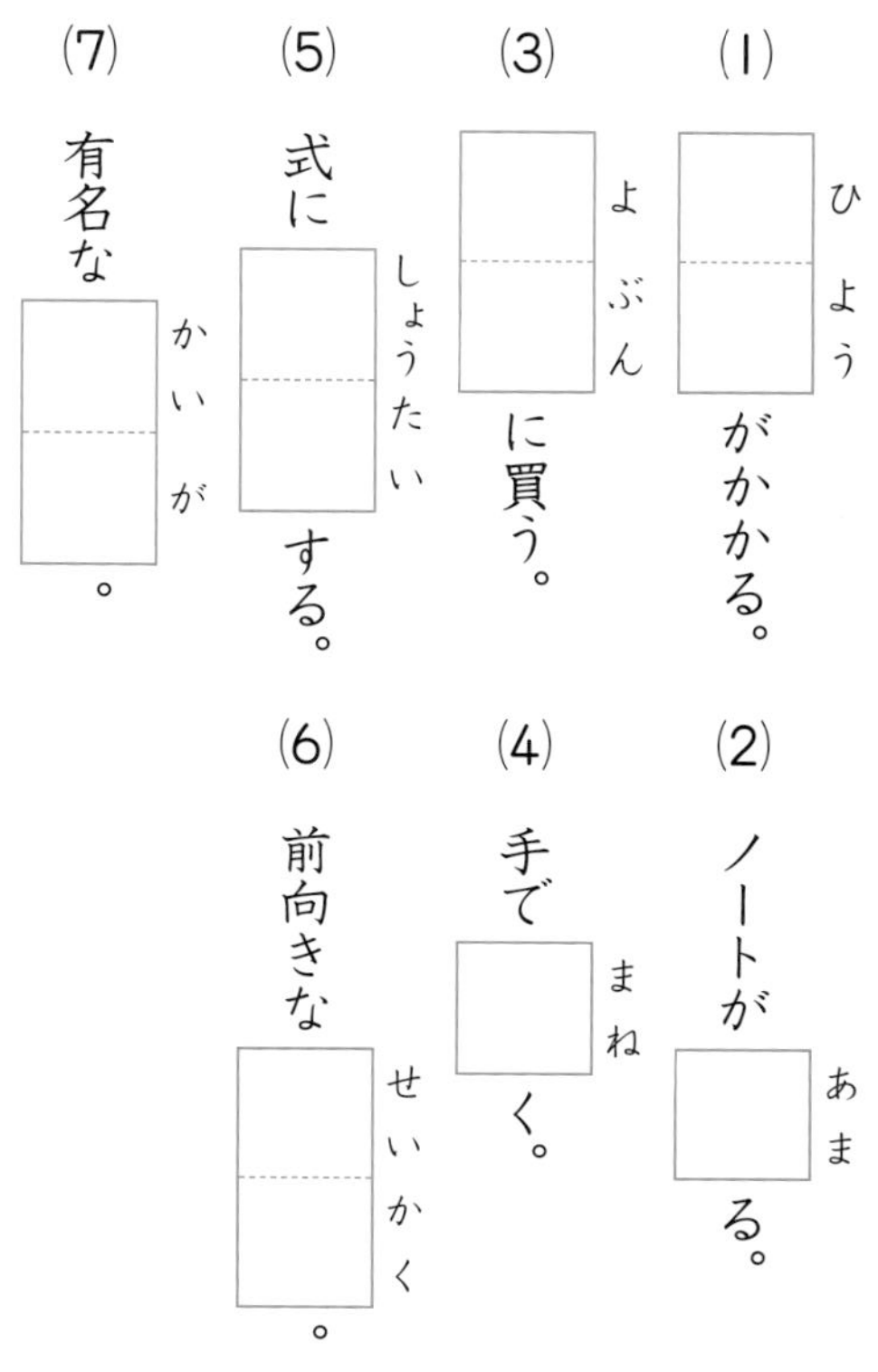

(1) □□（ひょう）がかかる。

(2) ノートが□（あま）る。

(3) □□（よぶん）に買う。

(4) 手で□（まね）く。

(5) 式に□□（しょうたい）する。

(6) 前向きな□□（せいかく）。

(7) 有名な□□（かいが）。

2 次の文に合うほうに、○をつけましょう。　一つ6〔30点〕

(1) 車が｛ア（　）通路／イ（　）道路｝を通る。

(2) 参加したい｛ア（　）気持ち／イ（　）心地｝はある。

(3) 今月の電気｛ア（　）料金／イ（　）代金｝を調べる。

(4) 口笛をふいて犬を｛ア（　）まねく。／イ（　）よぶ。｝

(5) 音楽で豊かな｛ア（　）感性／イ（　）感度｝を育てる。

答えは2ページ

1 3・4ページ

1 (1)じょうやとう (2)えいえん
(3)な (4)あらわ (5)こ
(6)じょうたい (7)まよ
(8)ひょうげん (9)りきし
(10)かんしゃ

2 (1)5 (2)9

3 (1)カ (2)オ (3)ウ (4)ア (5)エ
(6)イ

★★★

1 (1)常夜灯 (2)永遠 (3)慣 (4)現
(5)混 (6)状態

2 (1)イ (2)ア

3 (1)イ (2)ア (3)エ (4)オ (5)ウ

2 5・6ページ

1 (1)じょうほう (2)ないよう
(3)へんしゅう (4)せいかく
(5)こうせい (6)かこ (7)かいせつ
(8)なさ (9)あ

2 (1)ア (2)イ (3)ア (4)ア

3 (1)ウ (2)イ (3)ア

★★★

1 (1)情報 (2)内容 (3)編集
(4)正確 (5)構成 (6)囲 (7)解説
(8)情

2 (1)オ (2)エ (3)ウ (4)カ (5)イ
(6)ア

3 7・8ページ

1 (1)さいがい (2)ぎじゅつ
(3)しりょう (4)かいせい
(5)こころよ (6)ちしき

2 (1)ウ (2)イ

3 (1)カ (2)ウ (3)ア (4)エ (5)イ
(6)オ

★★★

1 (1)災害 (2)技術 (3)資料
(4)快晴 (5)知識

2 (1)快い (2)治る (3)確かめる
(4)向かう

3 りっしんべん

4 (1)習慣 (2)情報

4 9・10ページ

1 (1)せいこう (2)むじん
(3)ゆうき (4)ごうれい
(5)ときょうそう (6)いない
(7)とくべつ (8)お (9)しんるい
(10)せんしゅ (11)さんか
(12)しかいしゃ (13)たいせん (14)はた
(15)つた (16)しゅもく (17)かんそう
(18)じゅんいあらそ (19)ひっし
(20)かんきゃく (21)てんさ

(22)てんこう　(23)しっそく
(24)はいぼく　(25)きろく

★★★

1 (1)旗・置　(2)徒競走　(3)特別
(4)選手　(5)勇気　(6)成功・伝
(7)天候　(8)無人　(9)順位争　(10)対戦
(11)司会　(12)種目　(13)点差　(14)号令
(15)観客　(16)以内　(17)失速　(18)参加

5　11・12ページ

1 (1)じっさい　(2)ぎゃくてん
(3)いんしょう　(4)か　(5)ひじょう
(6)そうぞう　(7)お　(8)しょうめい
(9)しょぞくさき　(10)くら
(11)しょくにん　(12)はんのう
(13)しつもん

2 (1)イ　(2)ア　(3)エ　(4)ウ

3 ウ

★★★

1 (1)実際　(2)逆転　(3)印象
(4)非常　(5)証明　(6)所属先　(7)比
(8)質問

2 (1)イ　(2)ウ　(3)ア

3 エ

6　13・14ページ

1 (1)でんとうてき　(2)へ　(3)の
(4)けいけん　(5)しめ　(6)じゅんじょ
(7)こ　(8)れきし　(9)せいしん

2 (1)ウ　(2)ア　(3)イ　(4)オ　(5)エ

3 (1)ウ　(2)イ　(3)ア

★★★

1 (1)伝統的　(2)減　(3)経験　(4)順序
(5)歴史　(6)精神

2 (1)述べる　(2)示す　(3)食べ比べる

3 ウ

7　15・16ページ

1 (1)にん　(2)おおぜい　(3)か
(4)ゆる　(5)せきにん　(6)てきせつ
(7)にってい　(8)いきお

2 (1)ウ　(2)ア　(3)イ

3 (1)ウ　(2)イ　(3)ア　(4)ウ　(5)イ
(6)ア　(7)イ　(8)ア　(9)イ　(10)ア

★★★

1 (1)大勢　(2)貸　(3)許　(4)責任
(5)適切　(6)日程

2 (1)イ　(2)ア　(3)イ

3 (1)おすわりになる(おかけになる)
(2)お飲みになる
(3)お聞きする
(4)おむかえする

8　17・18ページ

1 (1)ふくごう　(2)うつ　(3)あつ
(4)が　(5)いどう　(6)しいく

2 (1)○　(2)○　(3)×　(4)×　(5)○

3 (1)別世界　(2)雨ふり　(3)笑い話
(4)落ち葉　(5)借り物競走

★★★

1 (1)複合　(2)移　(3)厚　(4)飼
(5)移動　(6)飼育

2 (1)積み　(2)見　(3)歩み　(4)組み

3 (1)使う＋分ける
(2)よぶ＋よせる
(3)飛ぶ＋去る

9　19・20ページ

1 (1)しん　(2)まつ　(3)な　(4)はん
(5)しゅうまつ　(6)へいたい
(7)さくや　(8)ねが　(9)えいよう
(10)よくしつ　(11)や　(12)きせつ
(13)しょっき　(14)わ　(15)れんきゅう
(16)がいちゅう　(17)かがみ　(18)めざ
(19)じてん　(20)ち　(21)かんさつ
(22)ぐんて　(23)はか　(24)ざいりょう
(25)あいどくしょ

★★★

1 (1)季節　(2)北極星　(3)塩
(4)辞典　(5)芽・観察　(6)音訓
(7)材料　(8)反省　(9)軍手
(10)浴室・鏡　(11)梅・栄養
(12)飯・残　(13)信　(14)巣　(15)昨夜
(16)覚

10　21・22ページ

1 (1)ひき　(2)とうりょう
(3)むちゅう　(4)よろこ　(5)けん
(6)しどう　(7)だりつ　(8)はつゆめ
(9)き　(10)けわ
2 (1)オ　(2)イ　(3)エ　(4)ア　(5)ウ
(6)カ
3 (順序なし)ウ・オ・カ

★★★

1 (1)率　(2)頭領(統領)　(3)夢中
(4)喜　(5)険　(6)指導
2 (1)エ　(2)ウ　(3)イ　(4)ア
3 (1)イ　(2)ウ　(3)ア

11　23・24ページ

1 (1)ほんのう　(2)けいりゃく
(3)まっか　(4)みちび　(5)すく
(6)かべん　(7)どうどう
(8)ちょすいち　(9)ぞうきばやし
(10)さっぷうけい　(11)きゅうじょ
(12)ころ
2 (1)エ　(2)ウ　(3)イ　(4)ア
3 (1)ア　(2)イ

★★★

1 (1)本能　(2)計略　(3)導　(4)救
(5)花弁　(6)貯水池　(7)雑木林
(8)殺風景
2 (1)エ　(2)イ　(3)ア　(4)ウ
3 (1)イ　(2)ア

12　25・26ページ

1 (1)く　(2)とく　(3)ひょうげん
(4)じょうけい　(5)いんしょう
(6)にちじょう　(7)れんそう　(8)たし
2 (1)鳥　(2)たか　(3)すずめ
3 (1)イ　(2)ア　(3)ウ

★★★

1 (1)句　(2)得　(3)日常　(4)確
2 (1)イ・ア　(2)ウ　(3)エ
3 (1)秋　(2)春　(3)夏

13　27・28ページ

1 (1)ま　(2)じゅんび　(3)ゆうこう
(4)かのうせい　(5)ひょうか
(6)しりょう　(7)じっさい
(8)こうせい

2 (1)イ (2)エ (3)ア (4)ウ

3 (1)点 (2)家 (3)例 (4)カ

★★★

1 (1)増 (2)準備 (3)有効 (4)可能性 (5)評価 (6)資料 (7)実際

2 (1)ウ (2)イ (3)ア

3 (1)ウ (2)ア

14 29・30ページ

1 (1)ぼうはん (2)ふせ (3)はんざい (4)こくえい (5)いとな (6)じんぞう (7)つく (8)しゅう

2 (1)消火 (2)市立 (3)無休 (4)多少

3 (1)無 (2)不 (3)非

★★★

1 (1)防犯 (2)防 (3)犯罪 (4)国営 (5)営 (6)人造 (7)修

2 (1)エ (2)ア (3)ウ (4)エ

3 （順序なし）売買・表現・省略

15 31・32ページ

1 (1)かだい (2)かり (3)こうぐ (4)たがや (5)めんぷ (6)ぬの (7)そんとく (8)ほうふ (9)ゆた (10)えいきゅう (11)ひさ (12)しょうどく

2 (1)オ (2)イ (3)ア (4)エ (5)ウ

★★★

1 (1)仮題 (2)耕具 (3)綿布 (4)布 (5)損得 (6)豊富 (7)永久 (8)消毒

2 （順序なし）本心・青空・話者

3 （順序なし）作曲・投球・乗車

16 33・34ページ

1 (1)いばらき (2)とちぎ (3)ぎふ (4)きょうとふ (5)なら (6)おきなわ (7)ながさき (8)おかやま (9)しが (10)にいがた (11)ふくい (12)とやま (13)えひめ (14)やまなし (15)おおさかふ (16)みやぎ (17)かごしま (18)さいたま (19)くまもと (20)かがわ (21)くだもの（かぶつ）

2 (1)ウ (2)ア

★★★

1 (1)宮崎 (2)岐阜 (3)茨城 (4)岡山 (5)新潟 (6)福岡 (7)群馬 (8)長崎 (9)佐賀 (10)徳島・郡 (11)滋賀 (12)京都・奈良 (13)熊本 (14)富山 (15)静岡 (16)香川 (17)神奈川 (18)鹿児島

17 35・36ページ

1 (1)ていげん (2)ささ (3)さい (4)ほご (5)かこう (6)きほん (7)きせい (8)せつ (9)かぎ (10)じょうけん (11)ちょくせつ (12)しゅちょう

2 (1)①せつ ②もう (2)①かぎ ②げん

3 (1)ウ (2)イ (3)ア

★★★

1 (1)採 (2)河口 (3)基本 (4)規制 (5)条件 (6)最小限 (7)直接 (8)主張

2 (1)イ (2)ウ (3)ア

3 イ・エ・オ

18　37・38ページ

1 (1)ほうし　(2)えだ　(3)に
(4)えん　(5)ま　(6)でんとう
(7)げいのう　(8)じっさい

2 (1)ア　(2)イ　(3)ア

3 (1)ア　(2)ウ　(3)イ　(4)オ　(5)エ

★★★

1 (1)法師　(2)枝　(3)似　(4)演

2 (1)ウ　(2)ア　(3)イ

3 (1)エ・ア　(2)ウ・イ

19　39・40ページ

1 (1)まず　(2)きず　(3)せいじ
(4)ぜいきん　(5)しょうひん
(6)きょうみ　(7)けんちく　(8)こう

2 (1)ア　(2)ア　(3)ア　(4)イ　(5)ア

3 (1)おうさま　(2)えいご
(3)くろじ　(4)はなぢ

★★★

1 (1)貧　(2)築　(3)政治　(4)税金
(5)賞品　(6)興味

2 (1)じ　(2)ねえ　(3)つづ　(4)とお

3 (1)　は　　　づ
父わ　かたずける

(2)　う　　　お
こおいう　言うとうり

(3)　う　　　づ
そおじ　つずける

4 ず・づ

20　41・42ページ

1 (1)げんいん　(2)ぶき　(3)かわら
(4)がんか　(5)ざいさん　(6)きんがく
(7)せいき　(8)むしゃ　(9)ひたい

2 (1)（順序なし）林・品・名
(2)（順序なし）額・河・財

3 (1)岩　(2)休　(3)鳴　(4)男

★★★

1 (1)原因　(2)武器　(3)眼科　(4)財産
(5)金額　(6)世紀

2 （順序なし）放・頭・貨・泳・課・
板・紙・管

3 (1)（順序なし）オ・キ
(2)（順序なし）イ・カ
(3)（順序なし）ウ・エ
(4)（順序なし）ア・ク

21　43・44ページ

1 (1)そうこ　(2)せつめい
(3)もくてきち　(4)はたら　(5)くろう
(6)ふしぎ　(7)せいりゅう
(8)がいとう　(9)みんげいひん
(10)ちゃくりく　(11)べ
(12)さいしんしき　(13)まわ
(14)かいてい　(15)きかい
(16)はくぶつかん　(17)しぜん　(18)さつかん
(19)ほう　(20)いんさつじょ　(21)かもつ
(22)きねんひん　(23)ぎょせん
(24)ひこうき　(25)ぼくじょう

★★★

1 (1)辺・風景　(2)街(外)灯・照
(3)博物館　(4)漁船・積
(5)牧場・自然　(6)飛行機　(7)印刷所
(8)民芸品　(9)貨物列車
(10)最新・機械　(11)記念　(12)倉庫・働
(13)法　(14)浅　(15)目的地　(16)海底

(17)察官　(18)建物・周

22　45・46ページ

1 (1)も　(2)こな　(3)ことわ　(4)き
(5)ひょうばん　(6)うおうさおう
(7)ねんりょう　(8)かふん　(9)ゆだん

2 (1)ウ　(2)ア　(3)イ　(4)オ　(5)エ

3 (1)ウ　(2)イ　(3)ア

★★★

1 (1)燃　(2)粉　(3)断　(4)評判

2 (1)ア　(2)エ　(3)ウ　(4)イ

3 (1)イ　(2)ア

23　47・48ページ

1 (1)ふえいせい　(2)す　(3)けつ
(4)きょう　(5)ちょうさ　(6)こうかい
(7)ていし　(8)ぼうえき　(9)ふじん
(10)さん　(11)こうえん　(12)つうか

2 (1)ウ　(2)ア　(3)イ

3 ア

★★★

1 (1)衛生　(2)過　(3)調査　(4)航海
(5)停止　(6)貿易　(7)婦人　(8)講演

2 (1)生き物　(2)始める（始まる）
(3)見つける（見いだす）　(4)勝つ

3 ①ウ　②イ　③ア　④ウ　⑤イ

24　49・50ページ

1 (1)さいかい　(2)きゅうゆう
(3)せいせき　(4)へいきんてん
(5)いし　(6)かんそく　(7)ぼうふうう
(8)けんさ　(9)しんせいひん
(10)ふくしゅう　(11)じゅぎょう
(12)あば

2 (1)ア　(2)ア　(3)イ　(4)ア　(5)イ
(6)イ　(7)イ

★★★

1 (1)再会　(2)旧友　(3)平均点
(4)意志　(5)暴風雨　(6)製品　(7)復
(8)授業

2 (1)①験　②検　(2)①積　②績
(3)①副　②福　(4)①測　②側
(5)①辞　②事

25　51・52ページ

1 (1)わら　(2)きょうりょく
(3)かっこく（かくこく）　(4)なお
(5)お　(6)けっか　(7)ふく　(8)まご
(9)けんこう　(10)な　(11)べんり
(12)うけつけひょう　(13)はくい
(14)ほうたい　(15)れいせい　(16)おっと
(17)しめい　(18)かんせつ　(19)ねつ
(20)だいじん　(21)こてい
(22)しゅっさんいわ　(23)なふだ
(24)けっかん　(25)はじ

★★★

1 (1)孫・笑　(2)血管　(3)健康
(4)老人・協力　(5)氏名　(6)熱
(7)副院長　(8)借　(9)手続
(10)受付票（受付表）　(11)包帯
(12)便利　(13)良好・結果　(14)出産・祝
(15)関節　(16)改

26　53・54ページ

1 (1)しゅうかん　(2)ごこ　(3)やぶ

(4)ようそ (5)どくとく (6)そうは
(7)ひと

2 (1)エ (2)ウ (3)イ (4)ア

3 (1)ア (2)イ

★★★

1 (1)週刊 (2)五個 (3)破 (4)要素
(5)独特

2 (1)ウ (2)ア (3)イ

3 (1)限る (2)果たす (3)加える
(4)表す

4 用・要

27 55・56ページ

1 (1)こうえきせい (2)せいぎかん
(3)あつ (4)きょじゅうち
(5)りゅうせんけい (6)とういつせい
(7)えきじょうか (8)きんし
(9)さんせい (10)ぜつ (11)ほうこく
(12)そうごうてき

2 (1)イ (2)エ (3)ウ (4)ア

3 (1)的 (2)化 (3)性 (4)感

★★★

1 (1)公益性 (2)正義感 (3)居住
(4)流線型 (5)液状化 (6)禁止
(7)賛成 (8)絶 (9)報告 (10)総合的

2 (1)イ (2)エ (3)オ (4)ア (5)ウ

28 57・58ページ

1 (1)さくら (2)ほとけ (3)つま
(4)こうしゃ (5)こうざん (6)どう
(7)みゃく (8)ゆにゅう (9)きそく
(10)ひりょう

2 (1)ア (2)イ (3)イ (4)ア

3 (1)× (2)り (3)れ (4)い (5)み
(6)×

★★★

1 (1)桜 (2)仏 (3)妻 (4)校舎
(5)鉱山 (6)銅 (7)脈 (8)輸入
(9)規則 (10)肥料

2 (1)辺り (2)教わる (3)後ろ
(4)清らか (5)祭り (6)逆らう

29 59・60ページ

1 (1)みぎがわ (2)けっせき
(3)じゅうよう (4)やくそく (5)てい
(6)なか (7)かだい (8)おく
(9)えいご (10)みまん (11)どりょく
(12)きぼう (13)そつぎょう
(14)もくひょう (15)ちょっけい
(16)じょうたつ (17)しけん
(18)れいだい (19)きょしゅ (20)か
(21)きゅうしょく (22)きょうかん
(23)めいあん (24)ちょう
(25)がっしょう

★★★

1 (1)名案 (2)約束 (3)給食
(4)億・単位 (5)上達 (6)仲
(7)低・児童 (8)目標 (9)合唱
(10)共感 (11)卒業 (12)直径
(13)英語・試験 (14)挙手・求 (15)未満
(16)希望

30 61・62ページ

1 (1)しゅっぱんしゃ (2)と
(3)はか (4)しんかんせん
(5)だん (6)じむ (7)そぼ

(8)ざい　(9)りゅうがく　(10)ぼち
(11)みき　(12)つと

2 (1)ウ　(2)オ　(3)イ　(4)ア　(5)エ

3 (1)イ　(2)エ　(3)ア　(4)ウ

★★★

1 (1)出版社　(2)留　(3)墓
(4)新幹線　(5)団・事務
(6)祖母・在

2 (1)エ　(2)ウ　(3)ア　(4)イ

3 (1)それから　(2)さっそく
(3)この時

31 63・64ページ

1 (1)ひょう　(2)あま　(3)よぶん
(4)まね　(5)しょうたい　(6)せいかく
(7)かいが　(8)しんじょう
(9)むちゅう　(10)かんじゅせい
(11)きしつ　(12)じけん

2 (1)残り　(2)余分　(3)余り

3 (1)ア　(2)イ

★★★

1 (1)費用　(2)余　(3)余分
(4)招　(5)招待　(6)性格　(7)絵画

2 (1)イ　(2)ア　(3)ア　(4)イ　(5)ア

3 2 1 0 9 8 7 6 5 4　＊＊DCBA